사회의 질 동향 2009

서울대학교 사회발전연구총서 28

사회의 질 동향 2009

펴낸곳 서울대학교출판문화원
펴낸이 오연천
지은이 정진성 외

초판 1쇄 인쇄 2010년 12월 20일
초판 1쇄 발행 2010년 12월 25일
출판등록 제15-3호

주소 서울 관악구 관악로 599 우편번호 151-742
대표전화 02-880-5252 **팩스** 02-888-4148
마케팅팀(주문상담) 02-889-4424, 02-880-7995
이메일 snubook@snu.ac.kr
홈페이지 www.snupress.com
영문홈페이지 eng.snupress.com

ISBN 978-89-521-1120-3 94300
세트 978-89-521-1017-6

이 연구는 한국연구재단의 중점연구소 지원사업(2007-411-J01601, 2007-411-J01602)의 제2차년도 연구성과의 일부임

서울대학교 사회발전연구총서 28

사회의 질 연구(III)

사회의 질 동향 2009

정진성 · 박경숙 · 이재열 · 장덕진
장상철 · 고형면 · 장진호 · 이원재 · 안정옥

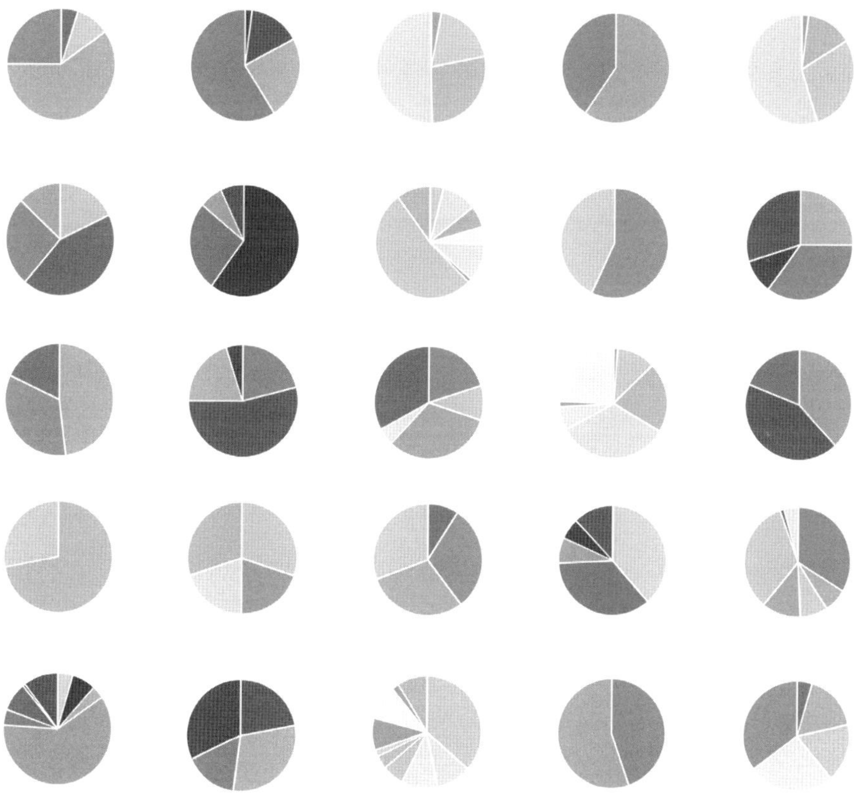

서울대학교출판문화원

The Trend of Life Quality, 2009

Chin-Sung Chung, Keong-Suk Park, Jaeyeol Yee,
Dukjin Chang, Sangchul Jang, Hyung-Myun Koh,
Jin-Ho Jang, Wonjae Lee, Jung-Ok Ahn

Seoul National University Press

머리말

어떤 사회가 수준 높은 좋은 사회인가, 사회발전은 무엇을 의미하는가, 그리고 그것은 어떻게 '측정'하고 '비교'할 수 있는가 등의 규범적이고 경험적인 질문들에 대해 사회과학자들은 어떤 대답과 기준을 제시할 수 있을까. 서울대학교 사회발전연구소 '사회의 질(Social Quality)' 연구팀의 이러한 문제의식을 우리나라의 대표적 연구지원기관인 한국연구재단(구 한국학술진흥재단)이 중요하게 평가하여 연구비를 지원하기로 결정했다. 이에 따라 본 연구팀이 공동연구를 시작한지 벌써 3년이 되어 간다. 본 연구팀은 1990년 후반에 경제발전을 넘어서 사회통합이 절실해진 유럽에서 처음으로 제안된 '사회의 질' 연구와 논쟁에 적극적으로 뛰어들어 국제적인 협력네트워크를 구축하고 활발한 국내외 공동연구를 수행해 왔다. 특히 크게 두 가지 점에 노력을 집중했다. 첫 번째는 해방이후 산업화와 민주화를 거쳐 세계사에 유례를 찾아볼 수 없는 성공적인 현대사를 개척해 왔으면서도, 국민들의 불신과 불만, 그리고 불안이 팽배한 현재의 사회현상을 어떻게 분석하고 설명할 것인가에 내한 천착이었다. 두 번째는 도대체 아시아 인접국들이나 유럽의 선진국들은 사회발전에서 어떤 위치에 있고, 어떻게 변화해 왔는가에 대한 물음이었다. 이러한 질문들에 대한 심층적 분석은 우리의 미래 방향탐색에 유익한 방향타를 찾도록 할 것이라 믿었기 때문이다.

본 연구팀에서는 2007년부터 3년간 진행된 1단계 연구에서 사회의 질이라는 프레임을 통해 전국 국민의식조사를 몇 차례 시행하여 그 결과를 분석했다. 1997년 외환위기 이후 한국사회의 변화를 분석하는 작업을 묶어 『한국사회의 트렌드를 읽는다』(서울대학교출판문화원 2009)라는 단행본으로 출간하여 우리 사회 여러 층으로부터 주목을 받은바 있고, 올 봄에는 『위험사회, 위험정치』(서울대출판문화원 2010)라는 책을 통해 위험사회로 접어든 한국사회의 다양한 정치화 과정을 사회의 질 프레임을 통해 재해석하려는 시도를 한 바 있다. 여러 통계 및 조사 자료들을 분석하여 한국사회의 질을 경험적으로 측정하고자 한 이 책은 본 연구팀의 세 번째 산물이다.

한국사회의 변화를 추적하기 위해서는 날줄과 씨줄이 필요하다. 다른 사회와의 비교를 통해 우리의 상대적 위치를 가늠할 수 있고, 시간축 위의 궤적을 따라가 보면 앞으로의 변화의 방향도 짐작할 수 있기 때문이다. 이러한 목적으로 본 연구팀은 지난 2년여 동안 약 90여 개의 지표들을 선별하고, 일일이 개념을 검토하고 가용한 자료의 출처를 뒤져가며 한국의 '사회의 질(Social Quality)'을 보여줄 좌표를 구성하고자 노력하였다. 그동안 많은 우여곡절과 어려움이 있었는데, 첫 번째는 개념적인 혼란이었고, 두 번째는 자료의 빈곤이었다. 이 책을 출간하는 이 시점에도 이 어려움을 극복하려는 작업은 여전히 진행 중이다. 그럼에도 불구하고 과감히 출간을 결정한 이유는 지표화는 영원한 미완일 수밖에 없다는 자각 때문이다. 이 어려움은 우리만 겪고 있는 것이 아니다. 우리보다 먼저 시작한 유럽의 학자들은 95개의 경험지표를 매우 연역적으로 도출해 냈지만, 여전히 국가 간 비교의 틀을 만들기 위해 씨름하고 있다. 유럽의 지표체계를 수용하여 우리보다 먼저 아시아적 맥락으로 재구성하고자 노력한 대만국립대학의 사회의 질 연구팀도 여전히 분투하고 있다. 본 연구팀의 이번 작업은 유럽과 대만의 연구에서 진일보한 것이다. 본 연구팀은 이 리포트를 발판으로 삼아 사회의 질 연구의 이론과 방법론을 정교화하는 작업을 계속할 것이다.

이 연구는 전형적인 공동연구의 성과물이다. 2008년부터 반복된 수십차례의 연구팀 회의를 거쳐 사회의 질을 구성하는 90여 개 지표들의 타당성과 신뢰성에 대한 토론을 거쳤으며, 그 토론을 바탕으로 네 명의 전임연구원들이 일차적으로 자료를 수집하고 분야별 초안을 마련하였으며, 이 과정은 박경숙 교수가 총괄하였다. 그리고 전체 연구진은 초안에 대한 수차례 윤독을 거쳐 더할 부분과 뺄 부분을 정하였다. 이렇게 절차탁마하는 동안 연구진에는 많은 변화가 있었다. 고형면 박사는 서울사이버대학교의 교수로, 안정옥 박사는 부산대학교 교수로, 장진호 박사는 광주과학기술원의 교수로 영전하였으며, 남은영 박사와 김주현 박사 그리고 이원재 박사가 새로운 전임연구원으로 영입되어 장상철 박사와 함께 연구에 합류했다. 이원재 박사는 다시 전체 원고를 정리하여 거칠고 모난 부분을 다듬는 마무리 작업을 해주었다.

이 보고서가 나오기까지 두 세부연구책임자인 이재열 교수와 장덕진 교수는 아시아와 유럽의 연구팀들과 원활한 협력을 이루면서 내부토론과정을 잘 이끌어 주었고, 공동연구자인 보건대학원의 조병희 교수와 사회복지학과의 안상훈 교수, 사회과학자료원의 구혜란 박사는 날카로운 토론과 풍부한 자료제공으로 책의 내용을 풍부하게 해 주었다. 사회학과 대학원생 김선민, 김란우, 임재성, 김정환, 윤수연, 송수연 조교는 긴 공동연구에 참여하면서 각자의 학위논문을 쓰고 새로운 단계로 비상을 준비하고 있다. 마지막으로 연구소 살림을 챙겨주시는 장경섭 소장님과 늘 같은 모습으로 사회의 질 연구총서를 깔끔한 단행본으로 엮어 주시는 서울대학교출판문화원의 여러분들에게 감사드린다.

필자들을 대표하여

정진성

차례

제1장

사회의 질 지표 체계

이 리포트는 약 90여 개의 경험 지표들을 통해 2009년 현재 한국의 '사회의 질(Social Quality)'을 기술하기 위해 쓰여졌다. 서울대학교 사회발전연구소는 유럽-아시아 10여 개 나라와 함께 삶의 질을 측정하기 위한 국제 비교 연구를 수행하고 있다. 사회의 질 연구는, 기존의 경제 중심적 접근들과 달리, 사람과 사람 사이, 사람과 제도 사이의 관계들이 삶에 대한 만족에 직접적인 영향을 미친다는 사회학적 가정으로부터 출발한다. 이 연구를 먼저 시작한 유럽의 학자들은 사회의 질을 측정해 주는 95개의 경험 지표들을 선정했는데, 이 지표들은 바로 사람 간, 사람-제도 간의 관계를 측정하기 위한 것들이다. 이 리포트는 동일한 지표들을 한국 사회에 적용해 보는 첫 번째 시도이다. 이를 통해 읽는 이들은 2009년 한국 사회가 얼마나 안전한지, 얼마나 포용적인지, 얼마나 협력적이며 자신감을 북돋우는지에 대한 객관적 이해를 얻을 수 있을 것이다.

이 리포트를 읽으면서 한 가지 주의할 점은 사회의 질 연구가 이론적으로나 경험적으로 아직 완결된 것이 아니라는 것이다. 서울대학교 사회의 질 연구팀은 이 리포트를 발판으로 삼아 사회의 질 연구의 이론과 방법론을 정교화하는 작업을 계속하고 있다. 현재 사회의 질 연구의 이론과 방법론, 그리고 그 의미와 한계는 다음과 같다.

1. 사회발전과 사회의 질

한국 사회의 현대사는 항상 전환기로 묘사되었다. 전환기라고 애매하게 표현하는 것은 어느 누구도 한국 사회 변동의 원인, 과정, 결과에 대해 진단하는 데 불확실성이 컸음을 가리킨다. 한편으로 기존 권력구조와 이에 저항하는 힘들이 늘 긴장관계에 놓여 있었다. 그리고 제도와 일상세계에서 복합적으로 진행된 변화는 점진적이고 균형적으로 이루어졌기보다는 대립적이고, 불균형적인 특성이 강하였다. 지금 한국 사회의 변화도 예외가 아니다. 기회와 위험의 초국적 거대화를 함께 몰고 온 세계화와 불평등, 압축적으로 진행되는 고령화, 남북 관계의 난관들, 정치적 자유권과 국가권력기구 사이의 갈등, 그리고 소득, 주거, 의료, 건강, 교육, 노동 등 기초적인 생활영역에서의 불안 등, 여러 문제들이 제도 간, 공사의 경계를 넘어 복합적으로 제기되고 있어 어디서부터 어떻게 대응할 것인가, 혼돈과 불확실함이 지배한다.

어떤 사회를 구성하고 지향하고 있는가에 대해 혼돈스러워하는 것은 한국 사회의 성격 자체가 매우 복합적이고 압축적인데, 이런 사회성을 인식하는 것이 익숙하지 않거나, 아니면 지속되어 온 어떤 인식의 굴레가 제대로 그 열쇠를 찾기 어렵게 하는 이유 모두 작용하는 것 같다. 삶의 양식과 세계관이 서로 복잡하게 얽혀 변하면서 다양한 이해, 욕구, 가치들이 봇물처럼 쏟아지고 있고 갈등, 좌절, 비판의 감정 수위도 높아지고 있다. 경제성장, 민주주의, 인권, 연대, 민족, 통일 등 다양한 연원을 가진 가치들이 서로 경합하면서 문제를 진단하고 변화의 방향을 제시하려 하지만, 혼돈은 쉽게 걷혀지지 않는다. 복합적인 사회변동과 삶의 변화의 성격을 인식하기 어려운 상태가 일상에도 학계에도 지배적이다.

한국사회의 복합적인 특성과 압축적인 변동의 특성은 비단 한국의 특수적인 사례에만 그치는 것이 아니라, 아시아 지역에서 일어나고 있는 정치, 경제, 사회 변동의 일반적 특성이기도 하다. 중심부와 주변부 사이에 작용하는 포섭, 동화, 긴장의 관계는 지속적으로 재구성되고 있다. 아시아 지역 안에서 형상화되고 있는 경쟁과 협력 관계는 변화된 세계체제 지형의 한 부분이며 그 결과이기도 하다. 이처럼 아시아 지역에서 일어나고 있는 급속한 경제발전과 계급구조의 변화, 정치적 민주화에 대한 사회적 요구의 급상승과 그에 따른 기존권력체제와의 갈등, 그리고 일상에서의 권리와 삶의 욕구의 확장, 그리고 친밀성과 연대 기초의 급속한 변화는 동아시아 사회발전의 특성과 세계체제의 특성에 대한 새로운 인식을 요구하는 현실 지형으로 드러나고 있다.

이렇게 제도, 생활세계, 가치관의 복합적이면서 상호의존적인 변화과정 속에서 구성되고 있는 한국 사회의 성격을 이해하고, 나아가 아시아적 발전체계의 일반적 특성을 규명하고, 사회발전의 현실적인 조건들을 규명하는 것이 매우 중요하다. 이런 목적에서, 서울대학교 사회발전연구소는 2007년부터 한국학술진흥재단의 지원을 받아 사회의 질 지표 개발과 아시아 사회의 사회성과 사회발전의 특성을 비교하는 기초연구를 9년간 시행하게 되었다.

사회의 질이란 한국어로 번역된 용어가 다소 어색한 부분이 있는데, 좋은 사회를 반영하는 사회의 여러 성격들을 가리킨다. 사회의 질 연구는 유럽에서 1990년대부터 출발하였지만, 그 연구가 공유하는 문제의식은 그전부터 진행된 유럽의 사회변화와 사회정책에 대한 비판적 인식과 연결된다. 한편으로 복지국가의 쇠퇴, 국가와 시장의 결합에서 복지의 다원성이 강조되고 시민권의 인식이 개별화되는 과정에 대한 비판적 의식이 제기되었다(Beck, et al. 2001). 또한 세계화와 유럽의 경제적 통합은 국가가 선택할 수 있는 사회정책의 수준과 자원을 규제하는 커다란 변화로 인식되었다. 그리고 이런 변화된 환경에서 사회정책도 새롭게 조정될 필요가 있다고 인식되었다. 이런 맥락에서 산업사회를 기초로 했던 계급, 도시, 개인, 시민권과는 구분된 새로운 노동분업관계, 이주자, 다문화, 기술, 고령화, 인구변천, 사회 위험, 사회적 배제 등을 새롭게 규명하는 이론과 정책 제안이 이어졌다.

사회의 질에 대한 관심에도 시장통합 이후 전개된 유럽사회의 변화에 대한 새로운 진단과 정책구상의 필요성을 강조하는 관점들이 결합되어 있다. 자유, 시장화의 영향, 최소국가의 주장, 관료제의 비효율성, 시민권의 개별화 등, 제반의 변화를 비판하기 위하여 사회성을 성찰하고 빈곤, 사회적 배제, 신뢰, 주체성 등의 사회적 이슈들을 종합적으로 이해하려는 야심적인 시도라고 볼 수 있다. 이런 맥락에서 벡(Beck), 반 더 메슨(Van der Maesen), 워커(Walker) 등 사회의 질 개념화를 모색한 학자들은 사회와 주체에 대한 유럽 사상사의 계보들을 나름 통합하여, 사회성을 사회적 존재인 개인들이 자기개발하는 과정과 집합적 정체성이 구성되는 과정이 서로 상호의존적으로 영향을 주고 받으면서 구체화되는 속성으로 규정한다(Beck, et al. 2001). 결국 사회의 질은, 삶의 복리와 주체의 잠재성을 고양할 수 있는 사회, 경제 생활에 참여하는 정도를 평가할 수 있는 표준화된 기준으로서, 거시–미시, 제도–공동체 수준으로 구분된 네 가지 차원에서의 사회적 조건들을 폭넓게 제시한다.

유럽의 사회의 질 연구자들은 개인과 집합적 정체성의 상호의존성 속에서, 사회의 질의 네 가지 조건 요인을 안전성(security), 응집성(cohesion), 포용성(inclusion), 역능성(empowerment)으로 구분하였다. 사회경제적 안전성은 필요한 재화와 자원을 전유할 수 있는 상태를, 사회 응집성은 공동체의 발전에 필요한 집단적 가치와 규범의 존재를, 사회 포용성은 제도와 구조

〈그림 1-1〉 사회의 질의 네 가지 조건 요인들

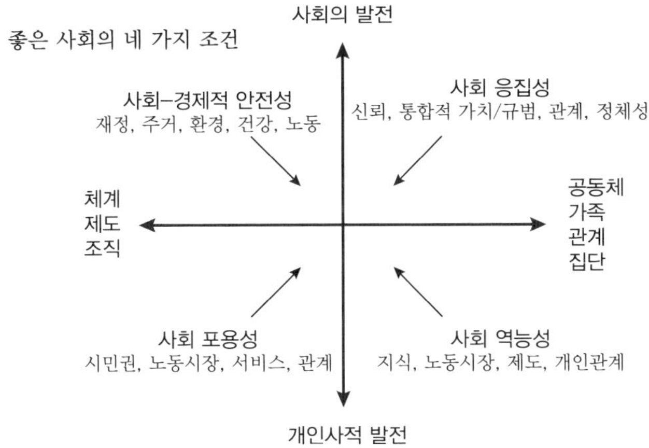

적 기회에의 공평한 접근성을, 그리고 역능성은 제도와 생활세계에 주체적으로 참여할 수 있는 기회로 규정하고 각 요인들의 하위 개념들과 지표들을 제도, 관계, 영역에서 구체화하였다. 〈그림 1–1〉에서 보듯이 사회의 네 가지 조건들은 집합적 정체성과 자기개발, 제도–관계의 복합적인 상호과정 속에서 구체적으로 구성된다.

SQ의 관점과 지표들은 사회의 성격을 종합적으로 비교하는 데 있어 유용한 인식 도구를 제공하지만, 조건요인들과 하위 개념과 지표들의 구분과 경계가 명확하지 않은 점이 있다. 또한 유럽의 모형을 한국적 상황에 직접 적용하는 것의 타당성 문제도 제기된다. 유럽사회에 대한 문제의식에서 개발된 사회의 질 관점이 여러 사회에서 비교 가능한 일반화된 기준으로 활용될 수 있는지 더 깊은 논의와 고민이 필요하다. 사회의 발전은 선형적이지도, 일방향도 아닌 고유한 경로를 지니므로 사회의 질은 각 사회 변동의 고유한 맥락속에서 해석될 필요가 크다. 요컨대 사회변동의 고유한 경로들을 이해하는 데 사회의 질 모형은 지나치게 표준화되었고, 종합적이고, 연역적이다. 이런 고려에서, 본 연구는 사회의 질의 모형을 잠정적으로 한국사회의 사회의 성격을 비교하는 데 유용한, 그러나 수정 혹은 대체될 수 있는 도구로서 활용하였다.

2. 사회의 질 조건 요인들의 조작적 정의와 측정

사회의 질의 개념이 공동체와 주체에 관한 다양한 개념들을 종합한 하나의 관점인 것처럼, 지표구상도 기존의 지표들을 통합한 성격이 강하다. 이를 테면, 사회안전성과 포용성은 기존의 빈곤, 사회배제, 사회권의 지표와 중복되는 부분이 크다. 응집성과 역능성은 공동체와 관계의 소속, 효능성의 지표들과 중복된다. 또한 사회지표와 삶의 질의 지표와도 중복된다.

여기서는 유럽에서 제안한 사회의 질 지표를 기초로 하여, 지표측정의 가용성, 개념의 명확성, 유관성 등을 고려하여 한국상황에 유관한 지표들을 수집하였다. 현 수준에서는 사회의 질 개념과 지표의 원안을 큰 조정 없이 활용하고 있지만, 앞으로 한국적 맥락에서 그 개념의 타당성과 정확성, 그리고 측정가능성을 둘러싼 고민이 심층적으로 이루어질 필요가 있다. 이런 노력이 유럽의 사회 질 관점을 더욱 발전시키는 결과를 가질지 아니면 아시아 발전 체계의 이념과 지표 구성의 대안체계를 정립하는 데 이를지 확실하지 않지만, 성숙되지 않은 개념들을 무비판적으로 적용하는 것이 아니라 한국과 아시아 사회의 발전의 성격을 맥락 타당하게 진단하는 개념과 지표들을 정립하는 걸음들이 될 수 있도록 연구의 내용들을 채워나갈 것이다. 우선 각 조건 요인들의 하위개념과 지표들을 간략하게 정리하면 다음과 같다.

사회경제적 안전성(Socio-economic Security)이란, 물질적·환경적 자원이 제대로 확보되어 있는 사회수준을 평가하는 기준이다. 빈곤으로부터의 안전, 주거생활의 안전, 범죄로부터의 안전, 질병과 재해, 실업 등의 사건으로부터 보호되는 상황을 포괄한다. 구체적인 측정을 위하여 사회경제적 안전성은 소득소비 차원, 주거와 환경, 건강과 돌봄, 노동, 그리고 교육의 영역들로 구분하였으며, 빈곤위험과 원인, 정부의 지원의 충분성, 주거안정상태, 범죄, 환경오염으로부터의 안전, 건강관련 서비스의 접근성, 노동조건의 안전성, 교육을 통한 직업이동의 기대 등의 지표로 측정하였다.

사회적 응집성(Social Cohesion)은 한 사회의 성원들이 공동의 과제들과 가치들을 구성할 수 있는 잠재적이고도 실질적인 집합력의 가능성과 관련된다. 사회성원들이 공동체적인 지향성을 얼마나 갖고 있으며, 어떠한 사회적 관계망에 어느 정도로 참여하는지, 그리고 이러한 참여의 지향점이 다시 전사회적인 통합의 목표에 충실한 것인지는 사회적 응집의 가능성을 가늠하는 척도가 된다. 이에 따라 사회적 응집지표는 신뢰, 집합적 가치와 규범, 사회적 관계망, 정체성의 네 가지 주요 영역으로 측정하였다. 신뢰영역에서는 일반사람들에 대한 신뢰, 구체적인 제도, 조직 행위자에 대한 신뢰, 일상적 관계에 대한 가치부여 등을 측정하였다. 그 외 집합적 가치와 규범에서는 이타적 행위와 취약층에 대한 관용, 포용성과 사회계약을 합의하거나 인정하는 정도를, 사회적 관계망에서는 사회관계의 참여 및 도움을, 정체성 부분에서는 국가, 지역, 공동체, 관계적 정체성을 측정하였다.

사회적 포용성(Social Inclusion)은 사회구성원들이 사회적 지위나 자원에 어느 정도 접근할 수 있는가를 가리킨다. 다양한 집단 간 어울림의 정도가 높으면 '포용사회'로, 상호 배제가 심각하면 '배제사회'로 이해될 수 있나. 결국 사회적 포용성이란 다양한 위치나 신념을 가진 사회 성원들이 사회에 참여할 수 있는 기회구조에 평등하게 접근할 수 있어야 한다는 규범적 판단에 기반을 둔 개념이다. 사회적 포용성은 시민권, 노동시장, 사회적 서비스, 사회적 관계망의 네 영역으로 측정하였다. 시민권은 시민권을 가지고 있는 거주민의 비율과 지역선거 투표율과 같은 전통적인 정치권뿐만 아니라 이주자의 시민권 이슈를 포함한다. 또한 사회권으로서는 공적연금 급여를 받을 수 있는 권리, 남녀 노동권의 차이를 반영하는 남녀 임금의 비, 그리고 법적 서비스의 자유권, 차별을 경험한 여부, 여성들의 정치, 경제적 주요 결정 참여 등의 사회권을 포함하였다. 노동시장의 포용성은 장기실업, 비자발적인 임시직처럼 노동시장에의 취약한 연계에 노출된 사람들이 얼마나 되는가를 측정하였다. 서비스에서의 포용은 기초적인 보건서비스에 접근정도와 취약층의 거주안정성을, 교육과 사회서비스에서의 포용은 고등교육 참여율과, 필요한 서비스를 활용할 수 있는 정도를, 사회적 관계에서의 포용성은 이웃, 친구, 가족과의 친밀성 도움 정도의 지표를 포함한다.

사회적 역능성(Social Empowerment)은 개개인의 시민이 존엄성과 자율성을 높일 수 있는 사회적 관계와 제도적 조건으로 정의하였다. 시민들의 존엄성과 자율성을 높일 수 있는 사회 조건을 지식, 노동시장, 제도, 공적영역, 개인적 관계에서 세분하여 측정하였다. 지식에서는 사람들이 어떤 종류의 지식을 가지고 있고, 그 지식을 통해 자기계발을 이룰 수 있는지, 노동시장에서는 사람들이 자신의 노동시장 지위를 어느 정도로 통제하고 있는지, 제도, 공적영역에서 사람들이 어떻게 자기의 결정권을 행사하는지, 제도와 관계가 개인을 지원하고 있는가를 측정하였다.

〈표 1-1〉 사회의 질 지표목록

1. 안전성

대분류	소분류	지표번호	지표
재무적 자원	소득이 충분한지의 여부	1	항목별 가구소득 지출
	소득안전성	2	생애 사건이 가구의 빈곤 확률에 미치는 영향력
		3	소득 및 자산조사 대상자중 현금과 현물 복지수급자 비중
주거와 환경	주거안정성	4	주택 점유형태(자가소유비중)
		5	불안정가구, 다가족가구
	주거조건	6	1인 기준 주거공간
		7	시설형태별/난방방식별 가구비율
	사회환경 및 자연환경 조건	8	유형별 범죄발생건수
		9	환경오염도(공장인근 영향받은 면적에 대한 데이터)
건강과 돌봄	의료시설 안정성	10	건강보험 적용인구, 1인당건강보험 급여비, 금여수준의 포괄성(본인부담율, 비급여의료 정도 cf. 최근 신문기사)
	의료서비스	11	1만 명당 의사수
		12	의료기관수
		13	응급상황 대처
	돌봄서비스	14	유급/무급 돌봄 서비스 비중
노동	고용안전성	15	해고가 아닌 노동계약 변경전 고지기간
		16	해고시 사전 고지기간
		17	종사상 지위별 취업자
		18	불법체류자

	노동조건	19	육아휴직, 병가 등을 이유로 휴직하거나 노동시간을 줄일 수 있는 대상자 중 실제로 실행한 비율
		20	1만 명당 산재건수
		21	주당(정규직 full timer) 노동시간
교육	교육안정성	22	학업중단율(%)
		23	가구당 교육비 지출 비중 및 액수
	교육의 질	24	졸업생취업률(%)

2. 응집성

대분류	소분류	지표번호	지표
신뢰	일반적인 신뢰	25	일반적인 신뢰 정도
	특별신뢰	26	정부, 국회의원, 정당, 군대, 사법부, 언론, 노동조합, 종교집단, 시민단체 등에 관한 신뢰
		27	유럽연방재판소로 넘어가는 사건의 비율
		28	가족, 친구, 여가, 정치, 부모, 자녀의 중요도
통합적 규범 및 가치	이타성	29	요일평균 자원봉사 시간
		30	헌혈
	관용성	31	이민, 다원주의, 다문화주의에 대한 태도
		32	타인의 삶의 방식에 관한 관용도
	사회 계약	33	가난에 대한 귀인: 개인적 요인과 구조적 요인
		34	사회복지를 위한 세금 증액
		35	노인연금 증액을 위한 세금인상
		36	소속된 커뮤니티 내에서 실용적 행동을 돕고자 하는 의지

		37	가사분담
사회적 관계망	사회적 관계망	38	자발적인 사회참여(정치단체, 자선단체, 자원봉사, 스포츠)
		39	가족, 이웃, 친구로부터의 지원
		40	가까운 친구, 동료와의 연락빈도
정체성	국적/아시안	41	국가자긍심
		42	아시아인으로서 자긍심
	지리적 단위별 소속감	43	지리적 단위별 소속감
	관계	44	가족 및 친족 소속감

3. 포용성

대분류	소분류	지표번호	지표
시민적 권리 (citizenship rights)	헌법상의/정치적 권리	45	거주자 중 시민권자의 비율
		46	지방선거의 투표권 보유자 비율 및 투표율
	사회적 권리	47	공적연금에 가입할 수 있는 사람의 비율
		48	성별 임금격차
	시민적 권리 (Civil rights)	49	무료법률상담을 제공받을 수 있는 사람의 비율
		50	차별을 경험한 사람의 비율
	경제 및 정치적 관계망	51	의회 및 사기업과 재단의 이사회에 선출되거나 지명된 소수인종의 비율
		52	의회 및 사기업과 재단의 이사회에 선출되거나 지명된 여성의 비율
노동시장	급료를 받는 일자리(payed employment)에의 접근 가능성	53	(12개월 이상) 장기실업률
		54	비자발적인 임시직 또는 비상근 근로자의 비율

사회적 서비스	보건 서비스	55	공공 건강보험에의 가입자격을 가진 사람의 비율과 가입자의 비율
	주택공급	56	편안한 잠자리를 가지지 못한 무주택자의비율
		57	공공임대주택(social housing) 입주를 위한 평균 대기기간
	교육	58	각급 학교에의 취학률과 진학률
	사회적 돌봄 서비스(Social care)	59	돌봄이 필요한 사람의 비율
		60	돌봄 서비스(보육 서비스 포함)를 제공받기 위한 평균 대기기간
	금융 서비스	61	수입 집단(income group)별 신용거부자의 비율
		62	금융기관으로부터 대출과 금융상담을 받을 수 있는 가능성
	교통	63	공공 교통수단에 접근 가능한 사람의 비율
		64	공공교통수단의 조밀도와 도로혼잡도
	시민적/문화적 서비스	65	1만 명당 공공체육시설 수
		66	1만 명당 문화예술시설 수
사회적 관계망	이웃과의 접촉	67	이웃과 정기적으로 접촉하는 사람의 비율
	친구관계	68	친구들과 정기적으로 접촉하는 사람의 비율
	가족생활	69	외로움과 고립감을 느끼는 사람의 비율
		70	친인척과의 접촉 빈도
		71	가족 이외의 사람들로부터의 비공식적(비금전적) 지원

4. 역능성

대분류	소분류	지표번호	지표
지식 기반	지식의 응용	72	지식에 기반을 둔 사회이동의 정도 (공식적 자격(학력) 기준)
	정보의 이용가능성	73	비문해율
		74	미디어의 자유로운 이용가능성
		75	인터넷 억세스
	정보의 사용자 친화성	76	사회적 서비스에 대한 정보를 여러 언어로 제공하는가
		77	변호, 상담, 안내 센터의 자유로운 이용가능성
노동시장	고용계약에 대한 통제	78	노동력 가운데 노동조합원의 비율 (공공 부문과 민간 부문 구별)
		79	단체협약 적용 범위 (공공 부문과 민간 부문 구별)
	직업 이동의 가능성	80	취업자 가운데 재직직업훈련자 비율
		81	공공직업훈련을 이용하고 있는 노동력의 비율. 가능하면 비용도 훈련비용도 기술
		82	'재취업 프로그램'에 참여하고 있는 노동력의 비율
	일과 가족생활의 조화 (일/삶의 균형)	83	일과 삶의 균형 정책을 실시하고 있는 조직들의 비율
		84	일과 삶의 균형 제도를 실제 사용하는 취업자의 비율
제도의 개방도 및 지원 정도	정치제도의 개방성과 지원체계	85	심의와 직접 민주주의 과정들의 존재 (예, 국민투표)
	경제제도의 개방성	86	주요한 경제적 의사결정에 대한 주민 참여 사례 숫자(예: 기업이전, 역내 투자, 공장폐쇄에 관한 공청회)

	조직의 개방성	87	직장위원회(work councils)가 있는 조직/기관의 비율
공적 공간	집합행동에 대한 지원 체계	88	자발적인 비영리 시민발의를 위해 배정된 전국 및 지방 수준 공공예산의 비율
		89	지난 12개월간 일어난 전체 시위·행진(개최+금지) 가운데 금지된 것의 비율
	문화적 고양	90	모든 문화활동을 위해 배정된 지방 및 전국 수준의 예산 비율
		91	자발적으로 조직된 문화단체와 활동 숫자
		92	다양한 형태의 사적인 문화고양 활동을 정기적으로 체험하는 사람들의 비율
사적 관계	신체적·사회적 자립을 지원하는 서비스의 제공	93	전국 및 지방 수준에서(신체적·정신적) 장애인들에게 배정된 예산의 비율
	개인 지원 서비스	94	취학 전, 취학 후 아동보육 수준
	사회적 상호작용에 관한 지원	95	주거 및 환경 설계의 포용성(예: 만남을 위한 공간, 조명, 설계)

이렇게 각 조건 요인들의 하위차원, 그에 유관한 지표체계들을 한국적 맥락에서 얼마나 가용하고, 맥락유관한가를 검토한 뒤, 비교가능한 지표들을 수집하고 분석하였다. 이어지는 네 장에서는 각 차원에서 구축된 지표들을 중심으로 한국사회의 성격을 조망하고 있고, 부록에서는 사회의 질의 지표 표를 제시하고 있다. 세부적인 내용은 본문을 참조하고, 여기에서는 지표 분석에서 제기된 과제들을 제시하면서 글을 마치고자 한다.

(1) 가용성

전체적으로 95개 지표 대부분이 비록 다양한 출처이긴 하지만 한국 내에서도 취합되고 있었다. 현재는 가용하지 않지만, 앞으로 보완하거나 새롭게 개발될 필요가 있는 항목들도 있었다(#5, #12, #13, #14, #15, #57, #60, #61, #73, #76). 전반적으로 가용성은 그렇게 큰 문제는 아니며, 추후의 연구에서 확장될 수 있을 것으로 기대된다.

(2) 개념의 정확성

안전성, 포용성, 역능성, 응집의 개념 차이가 분명하지 않은 부분이 지표 구성에서도 확인된다. 예를 들어 유럽 각국의 사회의 질 보고서에 따르면 영국에서는 포용성지표에 들어가는 것이 다른 나라에서는 역능성에 들어가는 경우가 있다. 어떤 지표들은 아직도 분명하게 이해되지 않은 부분이 있다(#44, #49, #84). 어떤 지표들은 안전성, 포용성, 응집성, 역능성에 다 걸치고 있다(#55, #10, #84, #94). 이렇게 같은 지표가 여러 차원으로 해석 가능하기 때문에, 각 차원에 해당되는 하위지표들을 구분하는 것이 어렵다. 또한 반대로, 같게 보이는 현상이 맥락에 따라 다른 의미로 해석될 수 있는 것도 주의해야 한다. 유럽의 경우 노인문제는 연금문제로 다루어지고 있지만 아시아의 경우는 보다 복합적인 고려가 요구된다. 외국인 노동자에 대한 문제는 어떤 사회에서는 응집성으로, 어떤 사회에서는 포용/배제의 문제로 접근될 수 있다. 또한 분석수준의 불일치에 대한 주의도 필요하다. 대체로 안전부문과 역능성에서는 객관적인 지표가 많고, 응집에서는 주관적 지표로 편향된 부분이 있다.

(3) 맥락 타당성

몇 개의 지표들은 한국적인 맥락에서 새롭게 구성되어야 하는 지표들이다(#27, #42, #51,#69, #48, #52). 유럽 맥락에서 구성된 지표로서 한국, 동아시아적인 맥락에 맞지 않거나, 중요한 요소들이 빠진 부분들도 존재한다. 또한 집단주의에 의해 구성된 정체성과 포용의 조건은 개인주의에 의해 구성된 조건과는 구분될 수 있다. 또한 차별에 대한 규범적·법적 관점은 개인주의와 집단주의에서 다르게 인식될 수 있다. 그리고 근대화, 세계화의 다양한 경로, 그리고 국가 간과 국내 계층구조의 복합적 구성에서 각 지표들의 의미가 온전히 이해될 수 있다.

(4) 척도의 다차원성

사회의 질 지표들을 어떻게 척도로 구성할 것인가도 중요한 과제로 제기된다. 가장 단순하게 각 지표들을 연속변수로 간주하여 단순 합으로 비교하는 방법이 있지만, 그러기에는 사회의 속성은 질적이고 모순적인 특성이 강하다. 가족, 국가와 같은 공동체 가치가 이주자에 대한 차별적인 행위로 변화되는 것이 그 예일 수 있다. 권리인식이 취약하면서 공동체 지향이 큰 경우도 있고, 권리인식과 공동체지향 사이 긍정의 관계가 작동할 수도 있다. 지표들의 복합적인 관계를 무시하고 단순 합이나 순효과로 분석하기에는 사회의 속성은 우발적이고 상호적이다.

(5) 다른 지표들과의 구분

마지막으로 기존의 여러 지표들과의 차이를 명확히 규정할 필요가 있다. 사회의 질 지표들이 기존의 지표들과 어떻게 중복되고 구분되는지, 그

지표가 갖는 함의에 대한 체계적인 분석이 필요하다.

이 연구는 새로운 세기가 지향해야 할 삶의 가치들을 정립하고 시민권을 확장하고 사회발전의 패러다임을 개선하고 전환하는 데 필요한 지점들을 확인하고, 디딤돌을 놓는 데 기여할 수 있을 것이다.

제2장

안전의 동향분석

1. 들어가며

사회경제적 안전성(Socio-economic Security)이란, 무엇보다도 삶의 기회 및 위험의 분배와 관련되는 것이다. 이 개념은 폭넓게 정의하자면 '사회의 질'을 확보하기 위한 기본 토대가 되는 조건이라고 할 수 있다. 이는 인간적 삶을 위한 기초적인 물질적·환경적 자원을 사회적인 수준에서 제대로 확보하고 있는지의 여부와도 관련된다. 구체적으로는 빈곤으로부터의 안전, 주거의 안전, 환경오염과 범죄로부터의 안전, 질병과 재해 및 실업으로부터의 안전 등을 포괄한다. 이러한 기초적 욕구와 요건들이 충족되지 못할 때, 사람들은 불안해 하고 위협을 느끼거나 객관적인 위험에 처하게 된다.

사회경제적 안전성은 안전한 생존을 위한 물질적인 기본 조건을 제공하는 것만이 아니라, '개인적 자기실현'이라는 차원에서 안전의 문제를 사회적으로 배려하는 것과도 관련된다. 따라서 사회경제적 안전성이라는 주제는 두 가지 측면들을 갖는다. 첫째, 이는 시민들의 실존적 안전(소득, 사회적 보호, 의료), 일상생활의 기초적 안전(음식물안전, 환경문제들, 작업장안전), 그리고 내부적 자유, 안정과 정의를 보장하는 모든 복지설비들과 관련된다. 여기서 핵심적 초점은 사람들의 '사회적 위험들(social risks)'을 다루는 것이다. 둘째, 이는 사람들로 하여금 '삶의 기회들(life chances)', 즉 선택할 수 있는 조건들의 영역을 확장시켜주는 것이다. 여기서 '사회적 불평등'과 '국가의 역할'은 논의를 위한 주요한 준거점들이다. 이런 맥락에서 이는 사회정의(social justice)의 차원에 해당하는 것이기도 하다(Beck et al., 2001: 317). 사회경제적 안전성은 하향식 접근과 해석으로 특징지어지는 단순한 '사회보장(social security)'보다 더 복합적이고 넓은 범위를 포괄한다. 그것은 적극적인 시민, 생산적 공동체들, 조직과 집단들을 만들어내는 근대화 과정의 결과인 새로운 사회관계, 생산체계 및 조건들에 대응하며, 이러한 개념화는 시민들 사이에서 새로운 형태의 협력에 대한 관념들을 자극할 수 있다.

보다 구체적인 측정의 차원에서, 사회경제적 안전성은 다음과 같은 영역들로 구성된다. 이는 재무적 차원, 주거와 환경, 건강과 돌봄, 노동, 그리고 교육의 영역들이다. 그리고 각각의 영역들에 있어서 주요한 질문들은 다음과 같다.

· 가구의 소득은 생계를 위한 기본적 필요를 충족시키기에 적절한가?
· 빈곤의 위험을 낳는 원인들은 무엇이며, 정부의 이전지출은 적절한가?
· 주거권은 충분히 보장되고, 주거시설들의 상태는 안전한가?
· 범죄로부터 안전한가?
· 환경오염으로부터 안전한가?
· 질병이나 재해를 경험하는 경우 치료, 요양을 위한 시설은 적합한가?
· 안정적이고 안전한 노동조건은 보장되는가?
· 교육의 기회는 보장되고, 이는 직업을 갖기에 적합한가?

이후로는 이상과 같은 질문을 의식하며, 한국사회에서 사회의 질을 구성하는 사회경제적 안전성의 상황과 추세를 살펴보고자 한다.

2. 소득과 소비, 빈곤

먼저 우리 사회 구성원들의 소득이 기본적인 생계를 꾸려가기에 적절한지를 살펴보기 위해서, 소득에 대한 만족도를 살펴볼 수 있다.「세계가치조사(World Value Survey)」[1]에서 조사한 결과를 보면 지난 30여 년간 우리나라는 항상 최저 수준의 가계소득 만족도를 보였다. 만족하는 사람들의 전체적인 증가에도 불구하고 국가 간 비교에서 가장 낮은 수치를 보이는 이유는 경제적 상황을 개선하려는 데에 대한 집합적인 열망이 한국 사회에 만연해 있다는 것을 시사해 준다.

다음으로 소비지출을 항목별로 보면, 도시가구의 전체 소비지출에서 '식료품 소비지출'의 비중이 매년 가장 높게 나타나지만 그 비중은 1982년 전체 소비지출의 40.8%에서 2007년 25.1%로 감소하였다. 그 다음으로 높은 비중을 차지하는 '기타 소비지출' 항목을 제외하면, 1982년에는 '광열/수도비'(8.1%)와 '피복/신발비'(8.0%), '교육비'(7.2%)가 높은 비중의 순서를 차지했으나, 2007년에는 '교통통신비'(17.2%), '교육비'(12.0%), '피복/신발비'(5.3%)로 높은 비중을 차지하는 순서가 변화되었다. 도시가구의 소비지출에서 과거에 비해 교통통신비와 교육비의 비중이 각각 증가하였고, 광열/수도비의 비중은 상대적으로 감소하였다.

앞서 살펴본 '소득에 대한 만족도'와 연관되면서도, 보다 객관적인 측면

---

1. 현재 신뢰에 대한 국제간 비교를 시계열적으로 할 수 있는 데이터는「세계가치조사(World Value Survey)」가 유일하다. 1980년대 시작한 이 대규모 사회 조사는 그 규모에도 불구하고 시기별 신뢰도와 국가간 비교의 타당도가 엄밀히 검증된 바 없다. 따라서 이 글에서는 측정치 자체보다 전체적인 경향성과 국가 간의 상대적 위치를 중심으로 결과를 해석할 것이다.

〈그림 2-1〉 가계 소득에 대한 만족도 조사(단위: %)

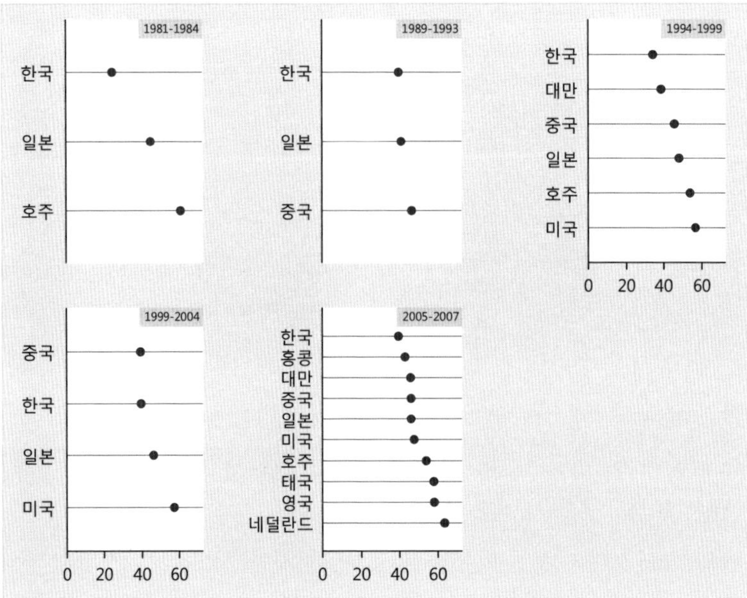

출처: 「세계가치조사」 5차

에서 소득이 사회적으로 기본적인 생계를 꾸려가기에 부족한 상태를 '빈곤(poverty)'이라고 정의할 수 있다면, 국내에서 이러한 빈곤의 추세는 1997년 외환위기를 거치며 새로운 국면을 맞이한 것으로 보인다. 한편으로 국내에서 경제성장이 본격화된 1960년대 이후 1990년대 중반까지 '절대빈곤층의 감소'가 장기추세로 나타나지만, 1990년대 후반을 거치며 경제성장 정체, 경제활동을 하는 성인의 소득격차 확대, 노인인구의 증가, 그리고 여성가구주가구 및 단독가구의 증대 등과 같은 현상과 맞물리면서 '빈곤의 증가'가 나타난다. 또한 국내 '소득불평등'을 장기적 추세의 차원에서 보면 1970년대에는 증가하다가, 1980년대에서 1990년대 중반까지는 감소를 보이고, 이후 고숙련인력에 대한 수요 확대에 따른 학력별 임금격차 확대 및 외환위기의 결과 등과 같은 원인들이 결합하여 다시 증가하는 것으로 나타난다. 다른 한편, 외환위기 이후의 빈곤은 다수의 근로능력이 있는 빈곤층의 대두를 특징으로 하는 '노동빈곤층(working poor)'이 이전보다 급격하게 증대한 상황을 보여준다는 점에서도 이전 시기의 빈곤 양상과 구별된다(구인회, 2004).[2]

빈곤의 측정은 보통 '절대빈곤'과 '상대빈곤'의 측정으로 구분된다. 절대빈곤이란 "개별가구의 경제적인 능력이 기본적인 물질적인 욕구(basic needs)를 충족하지 못하는 상태"를 가리키고 매년의 물가변화를 고려하여 빈곤선으로 규정된 '최저생계비' 기준에 의해 그 비중이 측정된다. 상대빈곤은 그 측정에 있어서 경제개발협력기구(OECD)의 기준에 따라 '개별가구의 소득이 중위소득의 40%, 50%, 60% 이하'로 정의된다(김미곤 외, 2006: 6). '빈곤율'은 소득이 빈곤선 이하인 빈곤인구수를 절대인구수로 나눈 값이다. 이처럼 절대빈곤이나 소득불평등에 영향을 미치는 요인으로는, 경제성장만이 아니라 노동시장에서의 임금불평등, 자본이득 불평등, 노령인구 및 편부모 가족 증가 등 인구학적 요인, 세금, 이전소득과 사회복지 등 제도적 요인 등을 꼽을 수 있다.

통계청 「가구소비 실태조사」(1996, 2000)와 한국보건사회연구원 「국민생활실태조사」(2003, 농어촌가구 제외)에 따르면, 최저생계비 기준으로 산출한 경상소득 기준 절대빈곤율(8인 미만 가구)은 1996년 3.1%, 2000년 8.2%, 2003년 10.4%로 외환위기 이후 크게 상승하였다. 중위 경상소득의 50%를

---

2. 한국의 노동빈곤층은 다음과 같은 특징들을 갖는다. ① 여성의 비율이 상대적으로 높다. ② 빈곤층에 61세 이상 인구가 가장 큰 비중을 차지하는 데 반해, 노동빈곤층에는 31–60세의 인구가 약 60%를 차지한다. ③ 초등학교 이하 저학력자가 가장 큰 비중을 차지한다. ④ 경제활동인구 전체의 취업상태에서의 비중보다 상용직 비중은 낮으며 일용직의 종사 비중이 높다. ⑤ 빈곤층 일반에서와 마찬가지이지만, 장애율과 만성질환 보유비율이 높다. 2002년 현재 한국 전체인구의 10.9% 정도로 빈곤층을 추정할 때, 이 노동빈곤층은 전체 인구의 4.4%, 빈곤층의 40%를 차지하는 것으로 추정된다(노대명, 2006: 151–4).

〈표 2-1〉 우리나라의 빈곤율 변화 추이 (단위: %)

구분	경상소득			
	절대빈곤율	상대빈곤율		
	최저생계비	중위소득 40%	중위소득 50%	중위소득 60%
1996	3.1	4.6	9.0	14.6
2000	8.2	8.1	13.3	19.4
2003	10.4	10.7	15.9	21.9
구분	가치분소득			
	절대빈곤율	상대빈곤율		
	최저생계비	중위소득 40%	중위소득 50%	중위소득 60%
1996	3.5	4.8	8.7	14.4
2000	9.2	7.9	13.0	19.1
2003	11.6	10.5	15.5	21.5

자료: 김미곤 외, 2006

기준으로 측정한 상대빈곤율도 1996년 9.0%, 2000년 13.3%, 2003년 15.9%로 상승하고 있다. 빈곤의 원인으로는 1차적으로는 노동시장에서의 실업으로 인한 소득 단절, 그리고 2차적으로는 사회안전망의 미흡이 꼽힌다(김미곤·김태완, 2004).

자유주의 국가(캐나다, 영국, 미국), 조합주의 국가(독일), 지중해 연안국가(이탈리아, 스페인), 사민주의 국가(네덜란드, 노르웨이, 스웨덴) 등으로 분류되는 나라들 및 멕시코 등을 포함한 몇 개 나라들을 선정하여 비슷한 시기 빈곤율을 우리나라와 비교하면, 다음과 같다. 유럽에서 스웨덴, 노르웨이, 독일 등은 상대적으로 낮은 빈곤율(국제비교가 가능한 지표는 '가처분소득기준 상대빈곤율'임)을 보이며, 이탈리아와 스페인은 상대적으로 높은 수준의 빈곤율을 보인다. 우리나라의 경우 2000년 이전까지는 후자의 나라들보다 빈곤율이 낮았으나, 이후 이들 국가들보다 높은 수준을 보이고 있다. 미국과 멕시코의 경우 빈곤 수준이 가장 높은 국가군에 속한다(김미곤 외, 2006: 22).

〈표 2-2〉 상위 10%의 부동산금융 자산 평균액 및 점유율

구분	평균 보유액(원)	점유율(%)
부동산자산(거주주택 포함)	10억 540만	53.98
부동산자산(거주주택 제외)	6억 1,162만	84.27
금융자산	1억 2,658만	66.46
자산총액(거주주택 제외)	6억 8,470만	74.76
자산총액(거주주택 포함)	10억 5,721만	53.33

자료: 〈경향신문〉, 2009년 10월 21일

소득원천별로 지니(GINI)계수를 분해한 결과, 1996-2003년 기간중 국내 소득불평등도의 증가를 주도한 것은 '임금불평등의 강화'인 것으로 나타났다. 즉 임금소득자 집단내 정규직과 비정규직간, 상용직과 임시일용직 간의 임금격차가 이를 나타낸다.[3] 그럼에도 불구하고 자산소유 상위 10%가 국내 전체 자산 총액의 절반 이상을 소유하는 현재 국내의 극단적인 자산양극화는 자산가격 상승을 자산비소유층의 부담 증대와 빈곤화로 귀결하게 만드는 측면조차 있다.

동 기간중 세금 및 사회보장기여금의 소득재분배효과는 개선된 것으로 나타나지만, 지니계수 분해 결과를 외국과 비교하면 세금 및 사회보장기여금 등 시장소득 불평등에 대한 제도적인 완화조치의 분배개선효과가 매우 낮으며, 미국, 대만 등과 함께 60세 이상 연령집단 내 불평등이 외국과 비교할 때 상대적으로 높게 나타난다(여유진 외, 2005: 50-51, 189). 가계부채액수도 최근 크게 늘어난 모습을 보여준다. 2003년에 총액이 448조 원이던 것이 2009년 6월에는 698조 원으로 급격히 증대하였다. 이러한 가계부채의 증대는 빈곤 증대 및 소비의 위축과 연관되어 있는 것으로 볼 수 있다.

---

3. 정규직 대 비정규직의 상대임금은 2001년 62.3%, 2002년 65.9%, 2003년 61.3%로 나타났다(황수경·정진호, 2005).

〈그림 2-2〉 가계부채 액수 추이

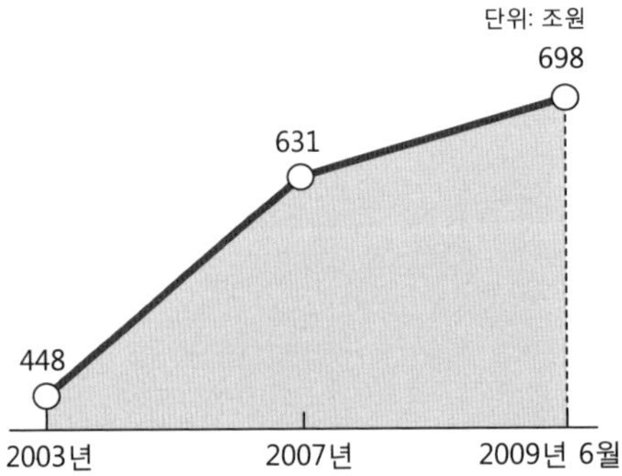

우리사회에서 공적 사회복지의 핵심영역으로서, 국민연금(1988년 시작), 공무원연금, 사학연금을 아우르는 '공적연금 가입자'의 수는 1984년 79만 9,000명에서 2006년 1,899만 5,000명으로 증가하였다. 18세 이상 취업자 대비 공적연금 가입자 비중은 같은 기간인 1984년 5.6%에서 국민연금 가입자수가 전해 대비 2배 이상 증가한 1999년에는 85.9%까지 크게 증가한 이후 다시 약간 하향세를 보이며 2006년 82.1%에 이르렀다. '고용보험 적용 근로자'의 수는 2001년 690만 8,888명에서, 2005년 806만 3,797명으로 증가하였고, 고용보험 적용 사업체수는 2001년 80만 6,962에서 2005년 114만 8,474로 증가했다. 하지만 한신대 전병유 교수의 연구에 따르면, 2009년 1월 기준으로 고용보험의 사각지대에 있는 이들(미가입자, 비적용대상자, 신규실업자 등 포함)의 수가 무려 823만 명에 이르는 것으로 추산되기도 하였다(〈한겨레신문〉 2009년 9월 2일자).

3. 주거, 범죄, 환경오염

사회경제적 안전성은 주거환경, 치안환경, 자연환경에 있어서 위험과 불안정으로부터의 안전을 포함하고 있다. 우리 사회에서 '주택 점유형태별 가구분포'를 보면 자가, 전세, 월세, 무상 및 기타의 비중이 1980년에는 각각 58.6%, 23.9%, 15.5%, 2.0%였으나, 2005년에는 각각 51.6%, 22.4%, 19.0%, 3.0%로서, 주택점유형태 중 자가의 비중이 줄고 월세의 비중이 증대하는 것으로 나타난다. 전세는 약간 감소하였다. 자가 비중의 감소는 개인의 임금소득상승률을 훨씬 상회하는 주택 등 부동산 가격의 상승과 이에 따른 자가 주택소유의 어려움 가중이라는 우리 사회의 장기추세를 반영하는 것으로 볼 수 있다.

크게 일반가구와 집단가구로 나뉘어지는 '가구종류별 비중'을 살펴보면, 1980년에는 각각 98.5%와 1.5%이던 것이 2005년에는 각각 98.6%와 1.4%로 나타나 크게 차이가 나지 않는 것으로 보인다. 하지만, 일반가구를 구성하는 세 하위유형인 '혈연가구', '5인 이하 비혈연가구', '1인 가구'의 비중의 변화 추이를 살펴보면, 동기간에 특히 혈연가구의 감소(96.6% → 90.6%)와 1인가구의 증대(1.0% → 6.8%)가 두드러진다. 이는 앞에서 제시되었던 것처럼 여성가구주가구 및 노인가구주가구의 증대와 무관하지 않으며, 혼자 사는 인구수가 크게 늘었다고 볼 수 있다.

'주거시설의 현대화'도 사회경제적 안전성이라는 사회의 질을 구성하는 주요한 측면이다. 비교적 최근인 2000년과 2005년 사이를 비교하면, 우리 사회에서 두 시기 모두 입식부엌(modern type) 비중이 압도적으로 크지만, 기간 중 재래식 부엌시설은 감소하고(5.7% → 1.7%) 입식부엌의 비중이 증대하였다(93.9% → 97.9%). 부엌시설이 없는 가구의 비중은 변동이 없이 0.4%에 불과하였다. 동기간 목욕시설을 보면 온수 목욕시설이 증대하였고(87.4% → 95.8%) 비온수 시설은 감소하였다(1.7% → 0.3%). 목욕시설이 없는 가구는 같은 기간 크게 감소하였다(10.9% → 3.8%). 화장실 시설을 살펴보면, 재래식 화장실은 동기간 크게 감소하였고(12.8% → 5.8%) 수세식 화장실이 증대하였다(87% → 94%).

〈그림 2-3〉 10만 명당 범죄건수와 강력범죄의 비중(1983-2006년)

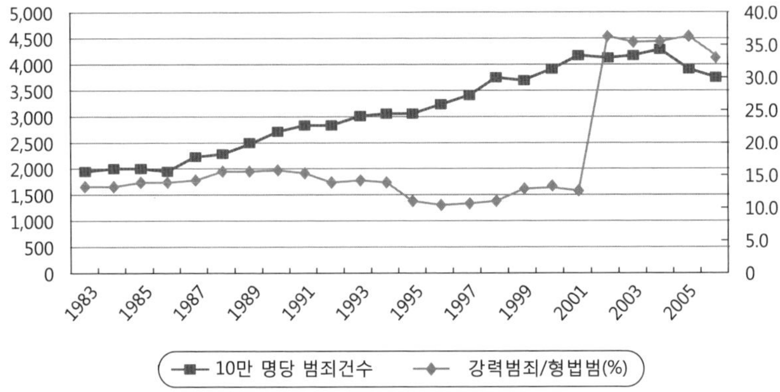

자료: 한국의 사회지표, 2007
* 자료는 1차 자료, 출처는 해당 1차 자료를 인용하였던 2차 자료를 말함.

다음으로 치안환경과 관련하여 '범죄건수'와 '강력범죄'의 추이를 살펴보면, 우선 10만 명당 범죄건수가 1983년 1,968명에서, 2006년 3,787명으로 2배가량 증대하였다. 총범죄건수가 '형법범(penal code criminal cases)'과 '특별법범(social law crimes)'으로 구성된다고 할 때, 동기간 전체에 걸쳐 특별법범이 형법범의 건수보다 높게 나타나지만, 형법범의 증가율(28만 5,846건 → 82만 8,021건: 약 3배 증가)이 특별법범의 증가율(49만 9,707건 → 100만 1,190건: 약 2배 증가)보다 더 크게 나타났다. 더욱이 동기간 크게 증가한 형법범 내에서 차지하는 '강력범죄'의 비중은 13.2%에서 32.9%로 큰 폭으로 증가(3만 7,826건 → 27만 2,196건: 약 7배 증가)한 것으로 나타나, 강력범죄의 증가는 전체 범죄의 증가율을 선도하고 있다. 특히 2002년에는 전년 대비 강력범죄건수가 4배 이상 증가한 것으로 나타나, 범죄유형의 분류상 변화 여부에 대한 고려와 함께 그 시기 강력범죄 급증의 원인에 대한 규명이 필요한 것으로 보인다.

2001년과 2005년 사이 '환경오염'(대기오염, 수질오염, 쓰레기/폐기물오염, 소음공해, 주위환경 훼손)에 대한 체감을 묻는 질문에 대한 응답을 보면, 대체로 이전과 비교해 '변화없다'는 응답이 가장 높게 나타나고, 그 다음이 '나빠졌다'는 응답이며, 전보다 '좋아졌다'는 응답은 가장 작게 나타났다. 양 시기 모두 환경오염에 대한 체감에 있어서 중립적이거나 부정적인 평가가 높게 나타나고 있다. 환경오염의 하위영역별로 살펴보면, 2005년에 '소음공해' 영역에서 나빠졌다고 응답한 비중(42.9%)이 다른 영역에서 나빠졌다고 응답한 비중보다 더 크게 나타나, 같은 영역에서 시계열로 보면 2001년과 비교할 때는 상황에 대한 부정적인 응답비중이 감소했을지라도, 영역들 중 가장 문제가 큰 영역으로 보인다. 하지만 전반적으로 2001년에 비해 2005년에 모든 오염/공해의 영역에서 '나빠졌다'는 응답은 감소했고, '변화없다' 혹은 '좋아졌다'고 응답한 비중은 증가했다.

4. 건강과 돌봄

건강과 의료의 영역 역시 사회구성원의 사회경제적 안전성을 구성하는 중요한 영역에 해당한다. 공적 의료복지 제공이라는 제도적 차원에서 건강보험의 적용 차원을 살펴보면, 우리 사회에서 건강보험의 적용인구는 1984년 1,528만 6,000명에서, 2006년 4,740만 9,000명으로 크게 증대하였다. 같은 기간 1인당 건강보험 부담액은 3만 2,000원에서 39만 7,000원으로, 1인당 건강보험 급여비는 3만 2,000원에서 44만 2,000원으로 각각 증대하였다.

의료인력 공급의 차원에서 살펴보면, 1982년에서 2006년 사이 총의사수는 2만 5,097명에서 8만 8,214명으로 크게 증가하였고, 따라서 의사 1인당 인구수는 1,567명에서 548명으로 크게 감소하였다. 치과의사 1인당 인구수도 동 기간 9,219명에서 2,169명으로 크게 감소하였고, 간호사 1인당 인구수는 동 기간 328명에서 216명으로 소폭 감소하였다.

의료기관 공급의 차원에서 살펴보면, 종합병원, 병원, 의원, 치과병의원,

보건기관은 그 수가 1996년 인구 10만 명당 각각 0.6, 0.92, 32.95, 19.28, 7.89채에서, 2006년에는 각각 0.61, 1.76, 54, 26.8, 7.13채로 변화하였다. 양 시기 모두 '의원'이 가장 다수를 차지하는 의료기관의 형태이다. 동기간중 의원과 치과병의원이 크게 늘었고, 보건기관은 크게 줄어드는 추세를 보여준다. 종합병원은 인구 10만 명당 증감에 큰 변화가 없으며, 병원은 약간 증대하였다. 인구 10만 명당 한방병의원의 수도 동 기간 크게 증대하였다(13.74채 → 21.61채).

'돌봄(care)'은 건강과 관련된 사회경제적 안전성의 중요한 영역을 구성한다. '돌봄노동자'는 '유급(paid) 돌봄노동자'와 '무급(unpaid) 돌봄노동자'로 구분되는데 이를 다시 세분하면, 전자에는 전통형 정규돌봄자, 혼합형 정규돌봄자, 독립형 정규돌봄자, 개인도우미형 돌봄자가 포함되며, 후자에는 자원봉사형 돌봄자, 가족비정규 돌봄자, 비친족 돌봄자가 포함된다(장혜경 외, 2007). '돌봄노동자(care worker)'라는 개념은 유급에 보다 엄밀하게 사용되는 경우가 있으며, 무급 돌봄노동자의 경우에는 '돌봄자(caregiver)'라는 개념이 쓰여지기도 한다. 유급공식영역의 돌봄서비스는 다시 '재가서비스'와 '시설서비스'로 나눌 수 있다.

보건복지부(2006)의 자료에 따르면, 노인복지시설 종사자수는 1만 5,536명으로 3년 동안 9,400명이 증가하였다. 2010년까지 요양보호사 5만 1,955명이 증가할 것으로 예상된다. 노인과 장애인 복지에 대한 2008년 예산 역시 증가하였다. 노인과 장애인 대상의 돌봄 예산은 2008년도에 1,426억 원으로 전년도 예산 873억 원에 비해 63.3% 증가하였다. 하지만 노인복지예산의 경우 전체 노인복지예산에서 차지하는 돌봄 예산의 비중은 2007년에 비해 2008년 감소하였으며, 보건복지부에서 지원하는 노인 및 장애인 시설 확충의 2008년도 예산안은 전년도에 비해 감소하였다(장혜경 외, 2007).

'재가서비스기관' 돌봄노동자(유급)의 평균 근로시간은 주당 29.0시간으로서, 가사지원서비스에 가장 많은 시간이 사용된 것으로 나타난다. 그 다음 노인의 경우엔 심리사회지원서비스 시간과 신체수발서비스 시간이 각각 높게 나타났고, 장애인의 경우 신체수발서비스 시간이 심리사회지원서비스 시간보다 높게 나타났다. '시설서비스기관' 돌봄노동자(유급)의 평균 근로시간은 주당 53.5시간으로서, 신체수발서비스에 가장 많은 시간이 사용된 것으로 나타난다. 그 다음 노인의 경우엔 식사영양서비스 시간과 심리사회지원서비스 시간이 각각 높게 나타났고, 장애인의 경우 심리사회지원서비스 시간과 식사영양서비스 시간의 순으로 높게 나타났다.

5. 노동

노동은 사회경제적 안전성의 근간을 형성하는 영역이다. 노동을 통해서 삶을 재생산할 수 있는 경제적 기반이 마련될 뿐만 아니라, 사회적인 구성원으로서 핵심적인 의미를 가질 수 있도록 해 주는 것이 바로 이 영역이기 때문이다.

우리나라에서 해고가 아닌 경우, 노동계약조건 변경 사전고지기간에 대한 법적인 규정은 근로기준법상으로는 존재하지 않는다. 해고와 관련해서 국내 근로기준법은, 제24조(경영상 이유에 의한 해고의 제한)에 "① 사용자가 경영상 이유에 의하여 근로자를 해고하려면 긴박한 경영상의 필요가 있어야 한다. 이 경우 경영 악화를 방지하기 위한 사업의 양도·인수·합병은 긴박한 경영상의 필요가 있는 것으로 본다. ② 제1항의 경우에 사용자는 해고를 피하기 위한 노력을 다하여야 하며, 합리적이고 공정한 해고의 기준을 정하고 이에 따라 그 대상자를 선정하여야 한다. 이 경우 남녀의 성을 이유로 차별하여서는 아니 된다. ③ 사용자는 제2항에 따른 해고를 피하기 위한 방법과 해고의 기준 등에 관하여 그 사업 또는 사업장에 근로자의 과반수로 조직된 노동조합이 있는 경우에는 그 노동조합(근로자의 과반수로 조직된 노동조합이 없는 경우에는 근로자의 과반수를 대표하는 자를 말한다. 이하 "근로자대표"라 한다)에 해고를 하려는 날의 50일 전까지 통보하고 성실하게 협의하여야 한다 [시행일 2007.7.1]"와 같은 조항들을 명시하고 있다.

그리고 제25조 (우선 재고용 등)의 "① 제24조에 따라 근로자를 해고한 사용자는 근로자를 해고한 날부터 3년 이내에 해고된 근로자가 해고 당시 담당하였던 업무와 같은 업무를 할 근로자를 채용하려고 할 경우 제24조에 따라 해고된 근로자가 원하면 그 근로자를 우선적으로 고용하여야 한다. [시행일 2007.7.1] ② 정부는 제24조에 따라 해고된 근로자에 대하여 생계안정, 재취업, 직업훈련 등 필요한 조치를 우선적으로 취하여야 한다"와, 제26조 (해고의 예고)의 "사용자는 근로자를 해고(경영상 이유에 의한 해고를 포함한다)하려면 적어도 30일 전에 예고를 하여야 하고, 30일 전에 예고를 하지 아니하였을 때에는 30일분 이상의 통상임금을 지급하여야 한다. 다만, 천재·사변, 그 밖의 부득이한 사유로 사업을 계속하는 것이 불가능한 경우 또는 근로자가 고의로 사업에 막대한 지장을 초래하거나 재산상 손해를 끼친 경우로서 노동부령으로 정하는 사유에 해당하는 경우에는 그러하지 아니하다"는 조항에서 볼 수 있듯이, 경영상 이유로 인한 해고와 관련하여 사전 통지 기간을 '해고기준'에 대하여는 50일(노동조합), 어떠한 이유에서든지 '해고대상'에 대하여는 사전 통지 기간을 30일(노동자 개인)로 각각 정하고 있다.

'해고제한'에 대한 근로기준법 조항은 제23조 (해고 등의 제한)로서, "① 사용자는 근로자에게 정당한 이유 없이 해고, 휴직, 정직, 전직, 감봉, 그 밖의 징벌(懲罰)(이하 "부당해고등"이라 한다)을 하지 못한다. [시행일 2007.7.1] ② 사용자는 근로자가 업무상 부상 또는 질병의 요양을 위하여 휴업한 기간과 그 후 30일 동안 또는 산전(産前)·산후(産後)의 여성이 이 법에 따라 휴업한 기간과 그 후 30일 동안은 해고하지 못한다. 다만, 사용자가 제84조에 따라 일시보상을 하였을 경우 또는 사업을 계속할 수 없게 된 경우에는

〈그림 2-4〉 종사상 지위별 임금노동자 비중 추이(%)

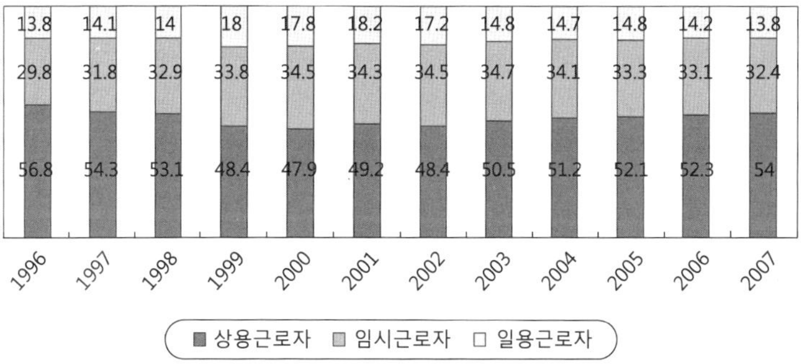

자료: 국가통계포털 KOSIS, 2009

그러하지 아니하다"와 같은 내용을 담고 있다.

노동자의 종사상의 지위도 사회경제적 안전성에 있어서 핵심적인 측면이다. 특히 비정규직의 비중과 정규직과의 격차는 사회경제적 안전성과 반비례하는 경향이 있다. 비정규직 노동자의 비중을 임시직 노동자와 일용직 노동자의 합으로 환산하면, 우리 사회에서 외환위기 이전인 1996년부터 외환위기 직후인 1998년까지 정규직인 상용직 노동자의 비중은 임금근로자의 50%를 상회하다가 이후 1999년부터 2002년까지 정규직 노동자의 비중은 50% 아래로 떨어졌으며, 2007년까지도 정규직 노동자의 비중은 1997년의 그것을 회복하지 못하고 있다. 임시직 노동자의 비중은 1996년 이후 30%대로 증가한 이후 그 비중이 20%대로 떨어지지 않고 있으며, 특히 외환위기 이후 2003년까지 증가하였음을 볼 수 있다. 일용직 노동자 비중도 1999년과 2002년 사이 큰 폭으로 증가하였다.

합법적으로 인정받지 못한 노동의 사회내 비중 또한 한 사회의 질을 구성하는 사회경제적 안전성에 있어서 중요한 측면이다. 국내에서 통상 '불법체류자'는 등록외국인중의 불법체류자(장기불법체류외국인)와 단기체류외국인중의 '단기불법체류외국인'으로 구분된다. 이중 장기체류외국인인 등록외국인중 불법체류 외국인수의 연도별 추이는 다음과 같다.

〈표 2-3〉 등록외국인 중 불법체류자수 (단위: 명)

연도별	2002년	2003년	2004년	2005년	2006년	2007년	전년대비 (%)
등록외국인 수	252,457	437,954	468,875	485,144	631,219	765,746	121.3
불법체류시 수	83,779	72,500	89,857	107,049	106,657	107,278	100.6
불법체류율(%)	33.2	16.6	19.2	22.1	16.9	14.0	

자료: 법무부, 『출입국 외국인정책 통계연보』, 2007

하지만 '장단기를 합친' 불법체류외국인 총수를 불법체류 외국인의 총수로 본다면, 이들의 수는 등록외국인중 불법체류자수보다 많다.

장단기 체류외국인중 불법체류자를 합치면, 2007년 말 불법체류자 총수는 22만 3,464명에 달해 불법체류비율은 21%에 달한다. 국내에서 불법체류자의 비중의 경우 2002년까지 30만 명 이상으로 증가하여 불법체류율은 49.0%로 큰 비중을 차지하다가, 고용허가제를 위한 합법화조치로 불법체류자수는 2003년 일시 감소했지만(15만 4,342명), 이후 지속적으로 증가하는 모습을 보인다.

2007년 합법적인 장기 체류 외국인 약 70만 명 중 산업연수생을 포함한 외국인 노동자는 40만 명에 달한다. 그리고 앞에서 본 것처럼 불법체류자가 23만 명 정도이다. 이들 산업연수생과 불법체류자를 합친 약 70만 명(누적된 현재 수치)이 우리가 흔히 말하는 '이주노동자'이다. 우리나라의 미

〈그림 2-5〉 등록외국인 중 불법체류자수(명)

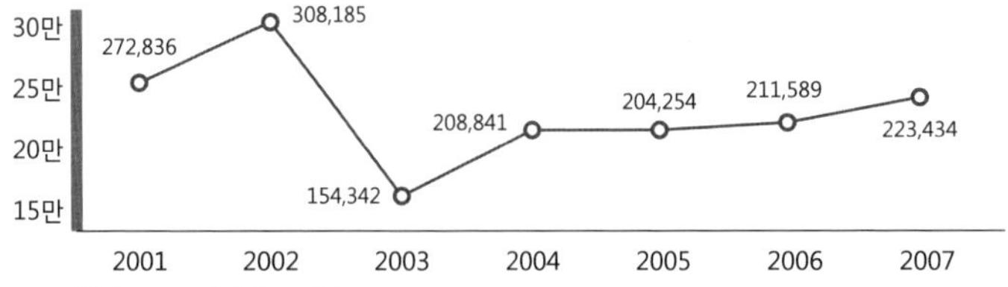

자료: 법무부, 『출입국 외국인정책 통계연보』, 2007

〈그림 2-6〉 연도별 육아휴직 사용자 추이(명)

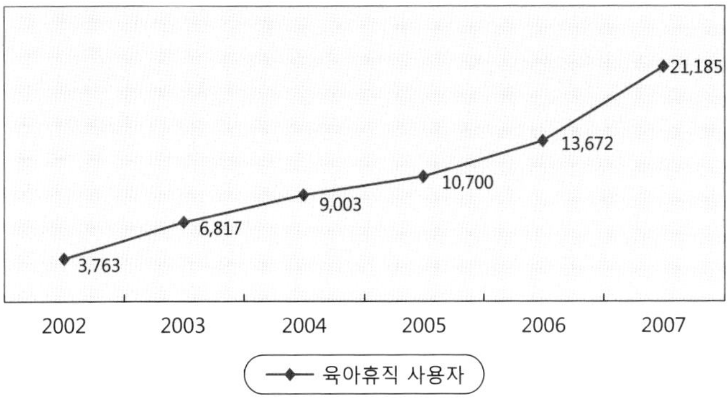

자료: 노동부, 〈경향신문〉 2008년 2월 10일

등록 이주노동자는 이주노동자 10명 중 3명꼴로 세계적으로 높은 비율이다.

노동조건의 차원에서 사회경제적 안전성의 문제는 '필요에 따른 휴직의 가능 여부' 등을 포함하는 다양한 주제들과 관련된다. 국내에서 만 1세 미만의 아이를 돌보기 위해 직장을 쉬는 '육아휴직' 근로자들은 해마다 급증하였다. 노동부에 따르면 2007년 육아휴직자는 2만 1,185명으로 전년 동기의 1만 3,672명보다 55%가량 증가한 것으로 조사됐다. 성별로는 여성 노동자가 2007년 2만 875명으로 2006년의 1만 3,442명에 비해 55.3% 증가했으며 남성노동자도 동기 대비 34.8% 늘어난 310명을 기록했다. 육아휴직은 만 1세 미만 영아를 가진 남녀 근로자가 양육을 위해 직장을 쉬는 것으로 최장 1년까지 사용할 수 있다. 2008년부터는 육아휴직 대상 자녀 연령이 만 3세 미만으로 확대됐다.

산업재해도 사회경제적 안전성의 노동영역을 구성하는 중요한 측면이다. 산재건수 및 피해자수와 재해강도율은 외환위기 이후 크게 증가하여 노동강도가 외환위기 이후 현재까지 강화되어 왔음을 보여준다. 재해건수는 1996년 7만여 건에서 1998년 5만여 건으로 줄었다가 이후 계속 증가하여 2006년 8만 6,000여 건에 이르고 있다. 피해자수는 같은 기간 7만여 명에서 거의 9만 명에 육박하는 숫자로 증가하였다. 재해강도율 역시 같은 기간 2.2에서 2.7로 증가하였다. 산업재해 사망자수도 2004년까지는 1996년보다 오히려 증가된 모습을 보여주고 있으며, 1만 명당 사망률의 개선에도 불구하고, 2006년의 사망자수(2,453명)가 1998년의 사망자수(2,212명)를여전히 넘어서는 등 그 심각성이 개선되었다고 하기 어렵다. 주당 노동시간은 산업 전반에 걸쳐 광업의 예외를 제외하면 줄어들고 있다.

6. 교육

사회경제적 안전성에 있어서 공적으로 보장되는 기초교육이라는 측면을 '학업중단'이라는 차원에서 살펴보면, 1995년과 2006년 사이 중학교와 고등학교의 학업중단율은 각각 줄어 1%와 2% 내에 그치지만, 전문대학과 대학교 학업중단율은 높은 편일 뿐만 아니라 오히려 증대했음(19.3% → 26.6%과 19.7% → 26.9%)을 보여준다. '고등교육에서 학업중단율의 증대'는, 대학 등록금 상승 및 고용불안정 증대로 인한 가구소득 불안정 증대가 결합되어 증가한 학비부담 등을 반영하는 것으로 보인다.

우리사회의 교육비 지출이 최근 가계소비지출 항목의 큰 부분을 차지함을 이미 언급한 바 있다. 특히 사교육비 지출은 큰 부담이 되고 있다. 1982년과 2006년 사이 도시가구는 연간 교육비지출이 가구 소비 비중에서 1996년 10%를 넘어선 이래 크게 늘어났으나(6.7% → 11.7%), 농촌가구에서는 크게 감소(10.6% → 3.6%)하였다. 이는 농촌의 고령화를 반영하는 것으로 보인다.

고교생의 졸업생 취업률은 1983년 38.1%에서 1997년 72.5%로 정점에 도달하며 증가했으나 외환위기 이후 1998년부터 감소하여 2007년에는

36.5%로 크게 감소하였다. 전문대학 졸업생의 경우 1983년에서 2007년 사이 50.5%에서 84.9%로 증가하였고, 대학 졸업생의 경우에는 동기간 취업률의 변화가 66.9%에서 67.6%로 큰 차이가 없게 나타난다. 1983-1984년 무렵에는 대졸자의 취업률이 가장 높게 나타나고 그 다음이 전문대졸자, 그리고 고졸 학력자의 순으로 취업률이 높게 나타나지만, 이후 전문대졸, 대졸, 고졸의 순으로 취업률이 높게 나타나다가, 1993년부터 외환위기 이후 2004년까지 10여 년간 전문대졸, 고졸, 대졸의 순으로 취업률이 높게 나타난다. 하지만 2005년부터는 고졸 취업률이 급속히 감소하여 2007년 현재까지 전문대졸(84.9%), 대졸(67.6%), 고졸(36.5%)의 순으로 취업률이 높게 나타나고 있다. 1997년 외환위기를 경과하면서 고졸자가 심각하게 겪게 된 취업의 위기는, 최근 대학진학률의 급증과도 무관하지 않겠지만 고등학교 교육과정과 노동시장 간의 연계와 관련하여 심각한 문제를 제기하고 있는 것으로 보인다. 학력별 취업률 편차와 별개로 2005년 4.8%에서 2006년 7.9%와 2009년 3분기에는 8%대에 이르게 된 청년실업은 현재 교육과정과 노동시장간 간격이 줄어들 기세를 보이지 않음을 나타낸다(한나라당 이한구 의원 2009년 국정감사 자료, http://www.e219.or.kr/).

제3장

응집의 동향분석

1. 들어가며

자의든 타의든 한국사회는 산업화 이래 매우 강한 응집력(Social Cohesion)이 발휘되어 온 사회이다. 올림픽이나 월드컵과 같은 국제적 행사를 치르면서 이러한 역량은 가시적으로 입증되기도 했다. 하지만 한국사회의 응집의 정도나 가능성은 객관적인 데이터를 통해 얼마만큼의 수준에 달하는지 엄밀히 측정된 예는 찾아보기 어렵다. 따라서 사회의 질을 파악하기 위한 중요한 차원인 응집의 지표들을 한국사회에 대입해 봄으로써, 응집력의 수준과 잠재력 등을 적절히 가늠해 보는 것은 매우 의미 있는 작업이다.

사회적 응집은 한 사회의 성원들이 내부에 산적한 공동의 과제들을 협력적으로 해결할 수 있는 잠재적이고도 실질적인 집합력의 동원 가능성과 관련된다. 사회성원들이 공동체적인 지향성을 얼마나 갖고 있으며, 어떠한 사회적 관계망에 어느 정도로 참여하는지, 그리고 이러한 참여의 지향점이 다시금 전사회적인 통합의 목표에 충실한 것인지가 사회적 응집의 가능성을 가늠하는 척도가 된다.

사회적 응집의 속성상 지표들은 대부분 객관적 데이터를 통해 측정되기보다는 주관적 반응에 대한 다양한 조사 자료들을 통해 확보된다는 특성을 안고 있다. 그렇기 때문에 각 사회가 안고 있는 특성을 반영하여 유럽사회의 맥락에서 제시된 응집 지표를 적절하게 걸러낼 필요도 있다.

전체적으로 사회적 응집 지표는 신뢰, 집합적 가치와 규범, 사회적 관계망, 정체성의 네 가지 주요 영역에서 측정된다. 각각의 영역은 측정이 가능한 세부 영역으로 다시 나뉘며, 여기서의 핵심적 지표들을 통해 사회적 응집의 정도가 파악될 수 있다. 이러한 응집지표들을 통해서 다음과 같은 것이 파악될 수 있는데,

첫째, 사회적·공동체적 정체성과 지향성은 지구적·대륙적·국가적·지역적 단위의 차원 중 어느 단위에서 그리고 어떠한 정도로 추구되고 있는지, 둘째, 사회적·공동체적 활동의 현실적 기반인 사회적 관계망에 어떠한 방식, 어느 정도로 참여하는지, 셋째, 이러한 참여가 전사회적인 수준에서 어느 정도의 통합을 가져오고 있으며 특별히 자발적이고도 능동적으로 응집의 계기를 조성하고 있는지 등이 확인된다.

2. 신뢰

먼저 신뢰와 관련해서는, 사회성원들 각자가 전체 사회성원 '일반에 대한 신뢰'의 수준과 사회적 대화(social dialogue)를 이끄는 주요 사회제도와 인적관계에 대한 '특수 신뢰'의 수준을 통해 관측이 가능하다.

일반적 신뢰의 수준은 가장 미시적이면서도 실질적인 측면에서 응집의 잠재력을 드러낸다. 상호적인 신뢰가 바탕이 되지 않고서는, 사회성원들 사이에 공동의 노력을 기울이기 위한 최소한의 교감이 형성되기란 쉽지 않기 때문이다.

〈그림 3-1〉 일반적인 신뢰 1981-2007(%)

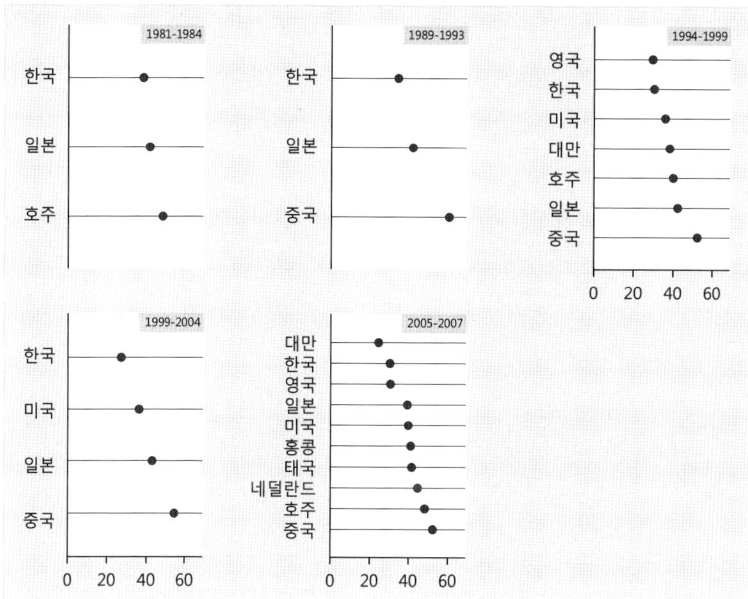

출처: 「세계가치조사」 5차

〈그림 3-1〉은 「세계가치조사」에서 조사한 "대부분의 사람을 신뢰할 수 있습니까?"라는 질문에 긍정적으로 대답한 사람들의 비율이다. 각 시기별로 조사가 이루어진 국가들이 일정치 않아 상대적 위치의 변화를 정확하게 기술할 수는 없지만, 동아시아 3국의 경우 중국-일본-한국의 순서로 일반적 신뢰의 정도가 차이가 남을 알 수 있다.

한국은 1980-1990년대에 걸쳐 통계적으로 유의미한 수준으로 일반적 신뢰가 감소해 왔고, 이후로 현재까지는 30% 정도의 수준에서 안정적인 모습을 보이고 있다. 영어권 국가들과 비교해 보면 한국은 영국 수준의 일반적 신뢰를 유지하고 있는데, 영국은 다른 영어권 국가들 중 가장 낮은 일반적 신뢰 수준을 가진 나라이다. 가장 최근 시기의 대만을 제외하면 한국의 일반적 신뢰 수준은 전체적으로 가장 낮은 수준을 유지하고 있다.

정치·경제·사회·문화 영역의 주요 제도들 사이에 이루어지는 사회적 대화는 사회적 핵심 사안에 대한 의사결정이 얼마나 개방적이고 민주적으로 이루어지는지와 직결된다. 그러한 의사결정 과정이 현대사회의 의사소통 기반을 간과하고서 이루어지는 경우, 각 제도들에 대한 신뢰의 수준이 낮아질 것이다.

이에 더해, 전체 사회의 권위주의적 분위기 역시 더욱 강화될 것이며, 수평적으로 상호협력을 꾀할 수 있는 관계의 기반을 허물게 된다. 결과적으로, 제도적 주체들의 신뢰도에 대한 사회성원들의 평가는, 사회전반의 의사결정 구조에 대한 만족도와 관련되고 최종적으로는 자율적인 응집의 가능성으로까지 이어진다.

〈그림 3-2〉의 「세계가치조사」 결과를 보면, 지난 30여 년간 정당, 국회,

〈그림 3-2〉 제도에 대한 확신 1981-2007

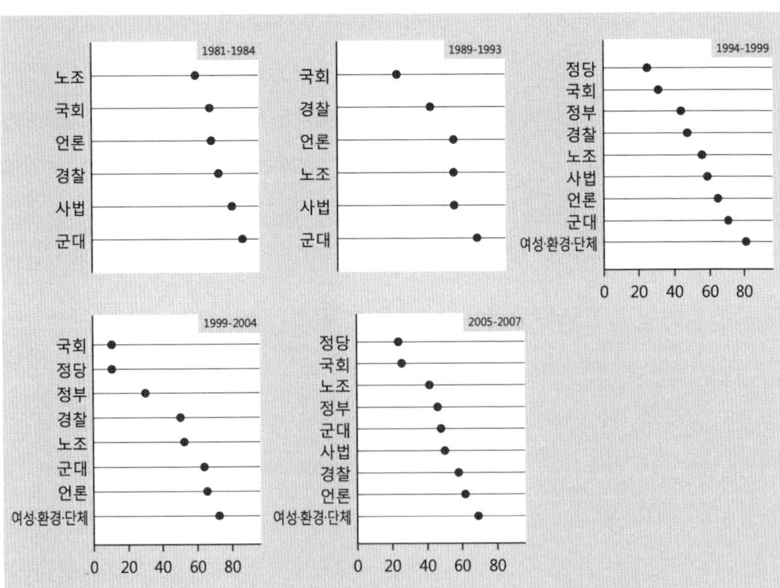

출처: 「세계가치조사」 5차

정부에 대한 신뢰가 다른 제도적 주체들에 대한 신뢰에 비해 현저히 떨어지는 것을 알 수 있다. 군대나 경찰에 대한 신뢰는 대체로 하향 추세이긴 하지만 국가 기관 중에서는 가장 높았다. 한편, 매체나 노동조합보다는 여성·환경단체에 대한 신뢰도가 더 높은 것으로 확인된다. 노동조합은 상대적인 순위가 높아지다가 최근 다시 떨어졌다.

민주주의나 사회적 대화가 가장 필요할 것으로 보이는 대의제나 행정부의 신뢰도가 낮다는 것은 정치, 행정제도들이 일반 국민과 원활한 의사소통을 하지 못하고 있음을 드러낸다. 시민단체나 노동조합에 대한 신뢰도 전체적으로는 시간이 갈수록 약화되는 모습을 보인다. 공적 시민사회 영역의 주요 주체들이 민주적인 대화의 장을 제대로 이끌지 못하고 있음을 알려주는 것으로, 사회의 질 개선과 관련하여 반드시 재고되어야 할 사항이다.

한국의 사회성원들이 느끼는 사회제도에 대한 신뢰수준을 놓고 볼 때, 정치행정제도나 시민사회 영역에서 사회적 대화가 원활하거나 개방적이지 않은 상태임을 유추할 수 있다. 제도의 부문에서든 공공영역에서든 더 많은 신뢰가 구축될 필요가 있으며, 이러한 상태가 개선되지 않는 한, 한국인들의 일반적 신뢰수준에서 확인된 것과 같은 응집의 가능성은 제대로 표출되기 어려울 것이다.

특수 신뢰와 관련하여 〈그림 3-3〉의 인적관계 관련 중요도 조사 결과를 보면 가족, 친구, 일, 여가, 정치, 종교와 관련된 한국적 현실을 가늠할 수 있다. 지난 30여 년간 전체적인 순위에는 큰 변화가 없었으나, 유독 정치와 종교가 상대적으로 낮은 중요도를 보이고, 그 중에서도 정치가 가장 큰 낙폭을 보인다는 점이 두드러진다. 이것은 이미 제도에 대한 신뢰에서도 확인된 바와 같이 정당, 의회, 정부에 대한 신뢰가 높지도 않고 하향세에 있는 것과 유사한 결과이다. 한국사회에서 가족과 친구의 가치는 여전히 높고도 중요하게 나타나며, 여가보다는 일을 중시하는 점도 흥미롭다.

〈그림 3-3〉 사적-공적 영역들이 삶에서 차지하는 중요도 1989-2007(%)

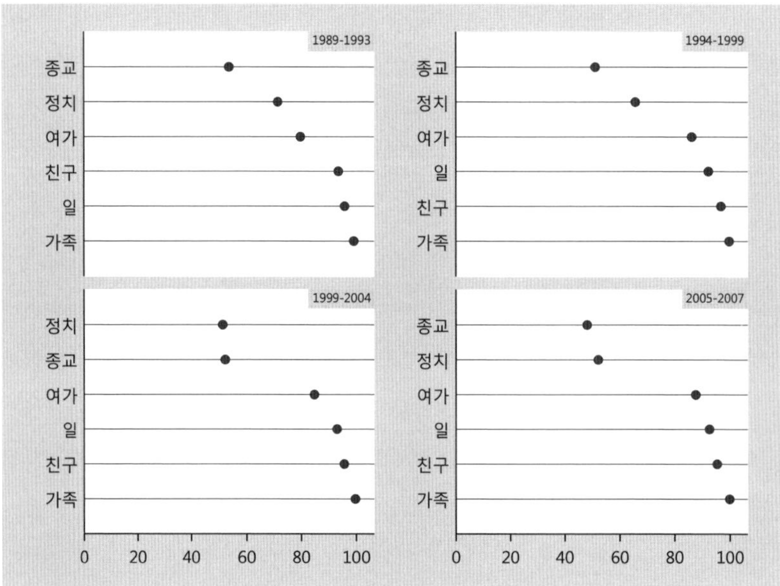

자료: 「세계가치조사」 5차

3. 통합적 가치와 규범

한 사회가 응집력을 갖추기 위해서는 사회성원들이 공동의 핵심적 가치와 규범들을 공유하고 내면화할 필요가 있다. 사회성원들이 얼마나 이타적, 관용적이며 암묵적인 사회계약 사항들을 어느 정도로 수용하는지를 통해 이러한 사실을 검토해 볼 수 있다.

이타주의와 관련된 사회의 질 측정을 위한 주요 지표인 헌혈에 관한 자료를 검토해 보면 〈그림 3-4〉와 같은 결과를 확인할 수 있다. 2003~2005년간 등록헌혈자수의 증가세와 비교해 2006년 등록헌혈자수가 급증했음을 알 수 있다. 전체적으로는 남성헌혈자수가 더 많으며 2006년에도 남성헌

〈그림 3-4〉 한국의 등록 헌혈 회원수 2003-2006(명)

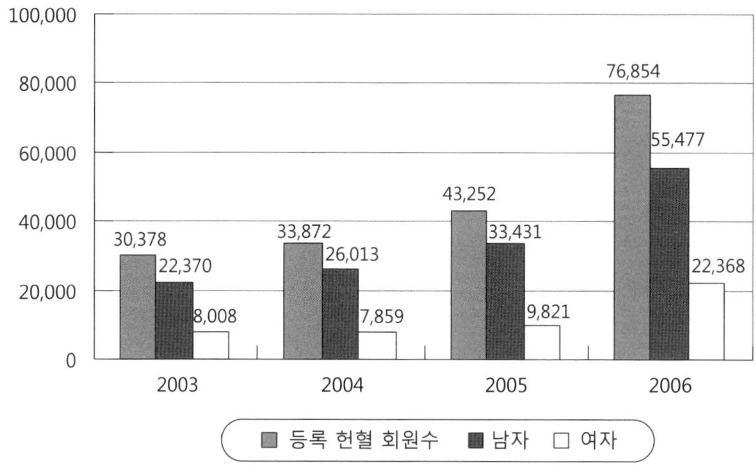

자료: 대한적십자사, 『혈액사업통계연보』, 각년도

혈자수의 증가세가 여성보다 조금 많다.

2005년의 국내 총인구가 4,704만 1,434명인 점을 감안하면 2005년도 헌혈인구는 전체의 0.092% 수준이다. 2005년 국내 총인구를 기준으로 하면 2003년 0.065%, 2004년 0.072%, 2006년 0.16%로 헌혈인구가 증가했다. 절대적 수치에서는 미미한 수준이지만 계속해서 헌혈인구수가 늘어나고 있다는 것은 이타주의와 관련해 긍정적인 신호로 받아들여도 무방해 보인다.

한 사회가 통합적이기 위해서는 개별 성원들의 이타주의만으로는 부족하다. 사회적으로 문제시되는 타인을 용인할 수 있는 의지가 충분할 때, 만족할 만한 수준의 관용도가 전사회적으로 갖추어졌다고 할 수 있다. 그래서 이방인에 대한 태도나 독특한 정체성을 지닌 사회성원에 대한 전반적인 성향은 한 사회의 관용도를 측정하기 위한 주요한 지표가 된다.

이민자/외국인노동자 혹은 타인종에게 내국인과 같은 정도의 동질성을 보이느냐 아니냐는 다문화주의의 정도를 파악하는 핵심적 지표이다. 〈그림 3-5〉의 「세계가치조사」 결과를 보면 한국사회가 1996년 이후 타문화

〈그림 3-5〉 이민/다문화주의에 대한 관용 1990-2001(%)

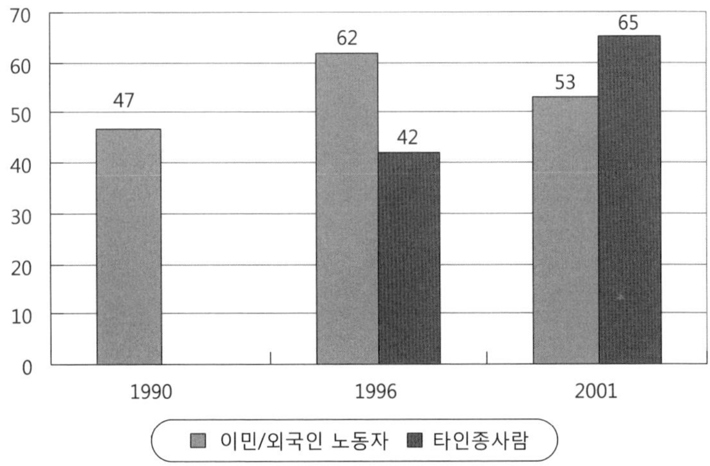

자료: 「세계가치조사」, 2009

성원에 대한 포용의 정도가 어느 정도는 높아졌음을 짐작케 해 준다.

이민/외국인노동자에 대한 관용도는 1996년 62%로 2001년의 53%보다 높은 것으로 드러났지만 1990년의 46%에 비하면 2001년의 수치가 나빠진 것만은 아니다. 타인종 사람에 대한 태도에서는 1996년과 2001년 사이에 변화의 양상이 확연히 드러난다.

이와 함께 사회의 변화와 함께 사회 구성원들 사이에 새롭게 생겨나는 가치, 규범 그리고 정체성에 대한 전사회적 인내의 정도 역시 전체적인 관용의 수준을 알아보는 데 도움을 준다.

타인의 신념, 정체성, 행위, 생활양식에 대한 관용과 관련된 〈그림 3-6〉의 「세계가치조사」 결과를 보면, 한국사회에서 뇌물수수에 대한 관용도가 가장 낮고 이혼에 대한 관용의 수준이 가장 높게 나타난다.

동성애에 대한 관용의 수준이 급격히 증가된 점은 개인의 자율성과 정체성이 강조되는 2000년대의 눈에 띌 만한 변화가 반영된 결과라고 하겠다. 1990년까지 동성애에 대한 부정적인 시선이 우세하다가 1996년 이후

〈그림 3-6〉 타인의 신념·정체성 등에 대한 관용도 1990-2001

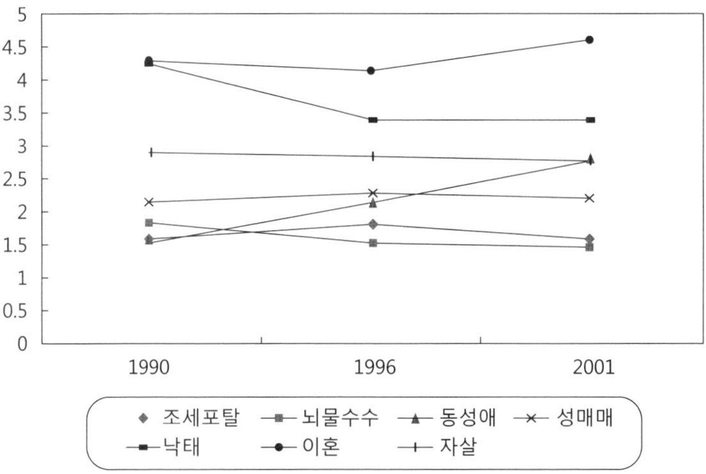

자료: 「세계가치조사」, 각년도 최대값이 10인 스케일을 따름

긍정적인 입장이 서서히 자리잡아가고 있음이 나타난다.

성매매를 긍정하는 경향이 1996년까지 이어지다가 2001년 들어서는 다소간 주춤하는 모습이 나타난다. 자살에 대해서는 계속해서 용인하지 않는 분위기가 강화되고 있다.

사회를 통합시키는 가치와 규범이 제대로 작동하려면, 사회성원들의 해결이 필요한 공적인 과제에 대해 얼마나 관심을 갖고 있으며, 이에 관한 대책들을 실제로 얼마나 이행하려는지 파악할 필요가 있다. 암묵적으로든 공개적으로든 사회가 운영되는 데 필요한 합의들이 이행, 실천되는 정도를 통해 응집의 가능성이 타진될 수 있기 때문이다.

우선 사회성원들이 빈곤의 문제를 개인의 탓으로 돌리는지, 사회구조적인 문제로 여기는지는 이 문제에 대한 해결책을 모색하는 데 상당한 영향을 미칠 수 있다. 2004년 서울대학교 사회발전연구소의 「광복60주년 국민의식 조사」에 따르면, 한국사회에서 빈곤의 문제는 구조적(43.9%)이기보다는 개인적(56.1%)인 문제로 여겨지고 있다.

반면 2003년 「한국 사회구조와 고용 변화에 대한 조사(Surveys on changes in Social Structure and Employment in Korea)」에서 빈곤은, 개인적(42.6%)이기보다는 구조적(54%)인 문제로 인식되고 있었다. 빈곤의 원인에 대해 한국인들은 미세한 차이로 개인 혹은 사회구조의 책임을 강조하고 있다. 달리 말해, 개인과 사회 모두 빈곤에 대해 책임이 있다는 매우 중립적인 태도가 일반적임을 알 수 있다.

구체적으로, 빈곤층이나 노년층을 위한 1% 정도의 증세에 대한 태도에서는 뚜렷한 태도의 차이가 나타난다. 빈곤층을 위한 추가 징세에 대해서는 부정적인 입장이 우세했고(64.%), 노년층을 위한 추가 징세에 대해서는 긍정적인 입장이 지배적(75%)이었다. 시대적 변화에 맞게 사회적 약자에 대한 지원이 선별적으로 이루어질 필요가 있음을 지적하는 것으로 여겨진다.

가사분담에 대한 남녀 간 의식차이 역시 가족단위에서의 응집을 엿볼 수 있는 중요한 지표이다. 가사에 대한 남편의 역할 비중이 크지 않다는 것은 남녀 모두가 항상 인정하는 부분임이 드러난다. 그렇다면 여성의 부담이 어느 정도여야 하는지, 공동분담의 비중은 어느 정도로 이루어지는지를 살펴야 가사분담에 대한 태도에 있어서의 실질적인 변화를 이해할 수 있다.

〈그림 3-7〉에서, 가사에 대한 여성의 책임이 2006년에 비해 2008년에 남녀 모두에게서 훨씬 더 강조되고 있음이 드러난다. 공동분담에 대한 태도에 있어서도 2006년 남자는 26.1% 여자는 38.4%가 동의의 의사를 표하고 있다. 하지만 2008년에는 남녀 모두 10%에 못 미치는 찬성 의견을 피력했다.

이러한 급격한 변화가 한국인들의 태도나 의식의 차이에서 비롯된 것일 수도 있지만, 사회적으로 남녀 간 가사분담을 용이하지 않게 하는 다른 요인이 작용했을 가능성이 있다. 그런 만큼 남녀 간의 가사분담은 태도와 의지도 중요하지만, 가사를 안정적으로 분담할 수 있는 사회적 여건과 기반

〈그림 3-7〉 가사분담에 대한 성별 태도(%)

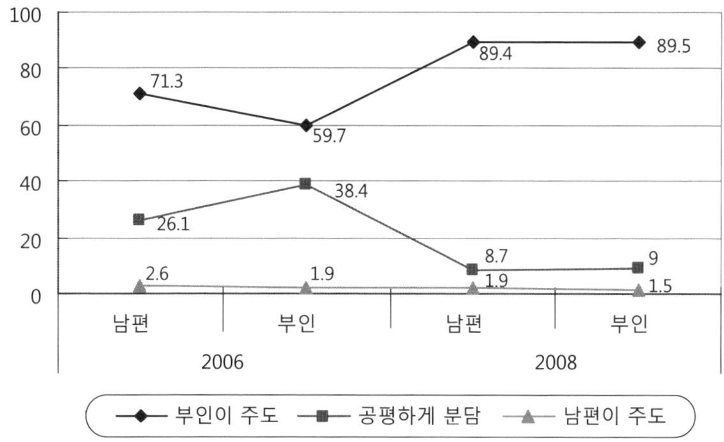

자료: 통계청, 『사회조사보고서』, 각년도

이 확고하게 구축되고 지원될 필요가 있다.

이타주의, 관용, 사회적 협약과 관련한 지표들을 통해 확인할 수 있는 것은 한국인들이 개인적인 것보다는 사회구조로부터 파생되는 문제의 해결에 더 많은 관심을 갖고 있다는 사실이다. 이러한 과제의 해결이 통합적 가치와 규범을 강화시키는 방향으로 이루어진다면 한국사회의 응집의 수준은 한층 더 높은 질적 수준에 도달할 것으로 보인다.

4. 사회 네트워크

사회성원들이 일상을 유지해 가면서 맺는 다양한 인적, 관계적 네트워크는 다양한 이해관계와 목적을 두고 형성되기 마련이다. 사회성원들의 인적, 관계적 네트워크는 적극적이고도 능동적으로 사회문제에 개입하기 위한 참여활동과 중첩될 경우, 한 사회의 응집력과 그 수위에 영향을 미친다.

한국인의 사회 네트워크를 결정짓는 가장 비중이 큰 활동은 종교와 관련되어 있고 참여도 역시 1990년 38.6%에서 2001년 42.1%로 증가세에 있다. 스포츠나 여가활동이 그 다음을 이어 1990년 17.3%에서 2001년 24.7%로 두 번째로 높은 비중을 차지한다.

관심을 끄는 것은 건강과 관련된 사회조직 활동인데 종교, 여가/스포츠 다음으로 한국인의 사회 네트워크에서 중요한 비중을 차지하고 있다. 삶의 질에 대한 관심이 커지고 있는 2001년에 오히려 이러한 활동에 대한 참여도가 낮아진 것으로 나타난다. 건강에 대한 사회조직적 차원의 참여보다는 다양한 방면으로의 개별화, 분산된 활동 탓에 이 비중이 적어진 것이 아닌가라는 추측이 가능하다.

이러한 추측을 가능케 하는 것은 전문결사체에 대한 참여도가 유사한 경향을 보이고 있기 때문이다. 전문결사체 역시 직업, 업무에 있어서의 분화가 심화된 1990년대 후반 이후로, 대규모의 집합적인 노력보다는 중소 규모의 이익집단화 경향이 두드러졌기 때문이다. 노동조합 역시 이러한 경향으로부터 자유롭지 못하다는 것을 〈그림 3-8〉을 통해 알 수 있다.

음악, 미술, 교육과 같은 문화적 활동의 중요성은 점점 더 비중이 커지고 있다. 1990년에 11% 정도의 참여율을 보이다가 2001년에는 19.1%로 가장 큰 폭의 증가율을 나타냈다.

전체적으로 종교, 스포츠·여가, 미술·음악·교육 등 문화 관련 사회참여 활동의 비중은 증가한 반면, 기타의 사회활동 부문에서는 감소세가 뚜렷이 드러난다. 하지만 사회 참여적인 성원들보다는 비참여적인 성원들이 더 높다는 사실에서, 이 자료만으로 한국인의 사회 네트워크에 대해 충분한 해석은 어려워 보인다. 한국사회의 응집력을 정확히 파악하려면 이상의 활동만으로는 잘 확인되지 않는 기타의 활동(예컨대 온라인 커뮤니티)에 대한 보다 섬세하고도 엄밀한 조사가 필요해 보인다.

금전적인 도움이 필요할 때, 어느 정도의 범위에서 문제를 해결할 수 있

〈그림 3-8〉 한국인의 사회 네트워크(%)

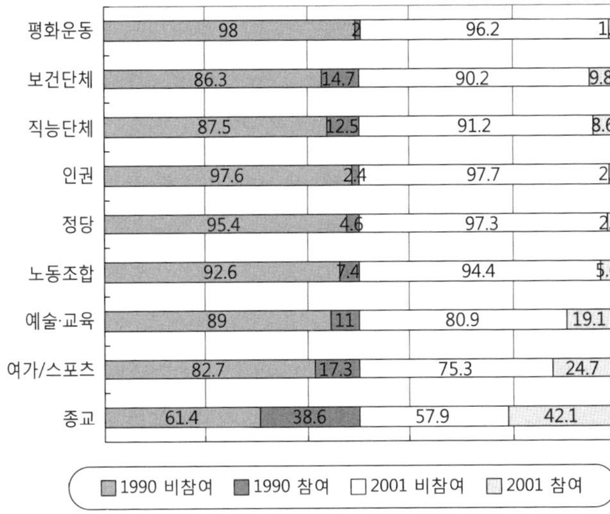

는가라는 점은 사회 네트워크의 긴밀성을 유추하기 위한 좋은 지표가 된다. 한국 국민들 중에서 47.7%는 개별적인 부채가 있는 것으로 나타났다. 대부분의 경우 제도권 금융기관으로부터 금전적인 도움을 받지만(제1금융권에서 71.6%, 제2, 3금융권에서 14.2%) 이는 사회 네트워크의 긴밀성을 파악하는 데 별 도움이 안 된다.

제도권 금융과는 별도로 금전적인 어려움이 있을 때, 개인적으로 어떠한 도움을 누구로부터 받는가라는 점이 사회 네트워크의 질을 파악하는데 참고가 된다. 한국인의 경우 주변인으로부터 받는 도움은 가족>친척>이웃>동료 순인 것으로 나타났다.

사회 네트워크의 질적인 측면과 관련해서 금전적인 도움 못지않게 중요한 것은 정서적인 지원과 안정감을 누구로부터 얻는가라는 점이다. 특별히 일상에서 가까운 지인(친구, 동료)과의 접촉빈도는 일상을 유지하는 것뿐만 아니라 사회참여의 기초 체력이 된다는 점에서 매우 중요하다. 이에 대한 정확한 자료의 파악이 용이하지 않은 실정이다.

참고로, 2001년 실시된 「한국 삶의 질 조사(Survey on the Quality of Life in Korea)」 분석결과에 따르면, 친구의 경우 연락빈도는 일 주일에 한 번 이상이 절반가량의 비율을 차지했고, 매일하는 경우나 한 달에 한 번 하는 경우는 비슷한 정도의 비율을 보였다.

5. 정체성

사회적 응집은 개별 사회성원들이 스스로의 정체성의 수위를 어느 정도 수위의 집합적 차원에 두고 있느냐와 깊은 관련이 있다. 가족, 친족 수준의 응집은 지역, 국가적 수준의 응집과는 분명히 다른 맥락에서 작동한다. 사회적 응집이 진정코 유의미하려면 그것이 가동되는 집합적 차원의 수준이 높아야 할 것이고 그래야만 사회의 질도 한 차원 더 상승할 수 있다.

그런 점에서 사회성원들 사이에 내면화된 집합적·집단적 정체성의 수준이 어느 정도인가를 파악하는 것은 사회적 응집의 질을 측정하는 데 매우 중요하다. 가족, 친족, 국내의 지리적·행정적·대륙적·지구적 차원 각각에서 사회의 구성원들이 지향하는 동질화의 정도가 어느 수준에까지 다다랐는지는 알아보면, 현대인들이 어떤 정도의 규모와 범위에서 응집을 발휘할 수 있을 것인지를 예견할 수 있다.

국가적 단위에서 정체성의 수위를 파악하기 위해서는 각 국민이 속한 국가에 대해 얼마나 자긍심을 느끼는지와 그것의 추이를 살펴볼 필요가 있다. 「세계가치조사」에 따르면 한국인의 국가 자긍심은 다른 나라에 비해 상대적으로 증가해 왔다. 그런 만큼 국가적 단위의 사회문제에 대해 관심이나 참여의 정도도 높을 것으로 진단된다.

〈그림 3-9〉 국가 자긍심 1981-2007(%)

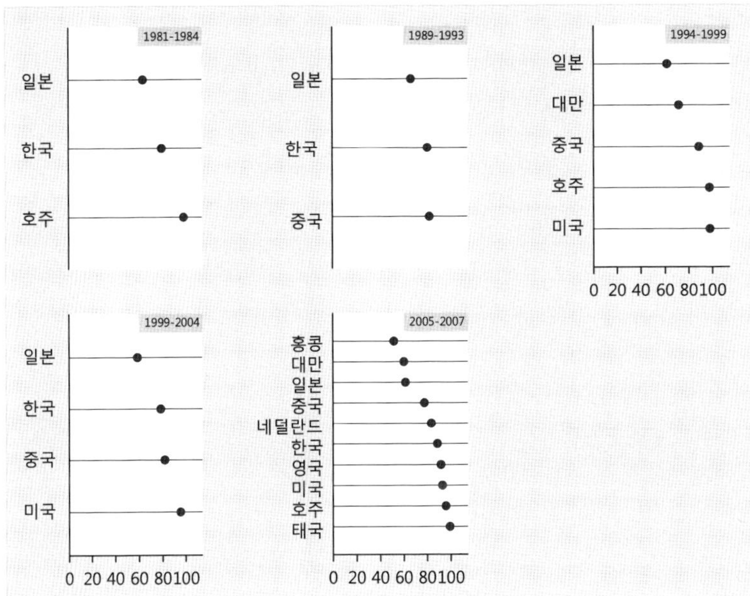

출처: 「세계가치조사」 5차

그렇다면 한국인의 경우, 국가적 단위를 뛰어넘는 수준에서 어느 정도로 정체성의 공유가 가능한지를 살펴보자. 2005년의 「EAI, 중앙일보 국가 정체성 여론조사」에서 파악된 결과에 따르면 한국인들은, 광역시도민으로서의 자긍심은 약한 반면, 시·군·구민 및 읍면동민으로서의 자긍심은 강한 것으로 나타났다. 이로써 지방단위의 정체성보다는 공동체, 지역 단위의 정체성이 더 높다는 것이 확인된다. 전체적으로 보자면 한국인들은, 읍·면·동민>시·군·구민>아시아>광역시도민 순으로 자기정체성을 드러낸다.

가장 미시적 차원에서 가족, 친족 네트워크에 대한 소속감은 한 사회의 최소단위에서 응집성이 얼마나 축적되어 있는지를 일러준다. 특별히 친가와 외가로 구성되는 한국의 친족 맥락에서, 양쪽의 어느 범위까지를 친족으로 여기느냐는 한국사회의 혈연적 응집의 단위를 파악하기 위한 중요한 지표이다.

2004년의 「한국의 지역갈등조사(Regional Conflict Survey in Korea)」 결과에 의거해 우선 친가 쪽을 살펴보면, 8촌을 친척의 범위로 놓는 경우가 45%에 달한다는 것을 알 수 있다. 또한 4촌 23.0%, 6촌 20.6%로 짝수 촌 관계에 놓인 친척에 대한 소속감이 20% 이상 골고루 높게 나타나고 있다.

한편 외가 쪽을 살피면 4촌이 55.6%로 가장 높게 나타난 반면, 6촌, 8촌 관계는 각각 14.7%, 13.2% 정도에 머물고 있다. 즉, 친가에 비해 외가 쪽은 4촌 범위 내에서 친족 네트워크가 한정되는 경향이 두드러진다.

제4장

포용의 동향분석

1. 들어가며

사회적 포용성은 각 개인들이 사회의 구성원이라는 이유만으로 그들의 개별적 특성과 무관하게 해당 사회의 제도에 의해 보호받고 사회의 자원에 접근할 수 있는 정도를 나타낸다. 사회적 기회구조가 모든 구성원들에게 동등하게 접근 가능하도록 열려 있을수록 그 사회는 포용성이 높은 사회이며, 반대로 어떤 기준에 의해서든 해당 사회의 구성원들에 대해 체계적인 배제 또는 차별이 이루어지고 있는 정도가 클수록 그 사회는 포용성이 낮은 사회로 평가될 수 있다.

사회적 포용성은 시민권과 노동시장, 각종 사회적 서비스와 사회적 관계망의 네 영역에서 측정된다. 보다 세부적으로는 이 네 영역을 구성하는 총 14개의 하위 영역에서 26개의 지표에 의해 사회적 포용성의 정도가 평가된다.

사회적 포용성 지표가 나타내는 내용은 다음과 같다.

첫째, 시민으로서의 자격과 연금, 차별 없는 동등한 대우 등이 모든 거주자들에게 동등하게 제공되고 있는가.

둘째, 보수를 지급받는 일자리에 대한 접근 가능성이 모든 이들에게 동등하게 제공되고 있는가.

셋째, 건강과 주거 등의 기본적 생존을 위한 사회적 보호와, 교육, 교통수단, 문화 및 체육시설 등에 대한 접근가능성이 모두에게 동등하게 제공되는가.

넷째, 개인들이 가족과 친척, 이웃, 친구들과 빈번하게 자주 접촉하며, 필요한 경우에 이들로부터 적절한 도움을 받고 있는가.

2. 시민적 권리

시민적 권리의 부분에서 가장 눈에 띄는 현상은 1990년대 이후 급격하게 증가하고 있는 외국인 불법체류자의 규모이다. 이들의 대부분은 국내에 취업 중인 외국인 노동자들이며, 또한 이들 중 다수가 내국인이 취업을 꺼리는 업종에서 역할을 담당하고 있다는 점을 고려한다면, 이들에게 합법적인 거주권과 시민적 제 권리를 부여하는 제도적 배려가 필요한 것으로 판단된다.

대통령 선거와 국회의원 선거의 투표율은 1980년대 후반에서 1990년대 초반에 최고 수준을 기록한 이후 점차 하락하는 추세를 보이고 있다. 지방자치제가 실시되고 있지만, 지방의회의 투표율은 지속적으로 매우 낮은 추세를 보이고 있다.

국민연금 가입자 비율은 1990년 전 국민 중 10.2%에서 2005년 36.2%까지 증가하였다. 대한법률구조공단과 국가인권위원회에 대한 일반인들의 인지가 높아짐에 따라 무료법률구조실적과 차별 사건에 대한 진정 건수도 지속적으로 증가하고 있다.

〈그림 4-1〉 국내 불법 체류자 현황(명)

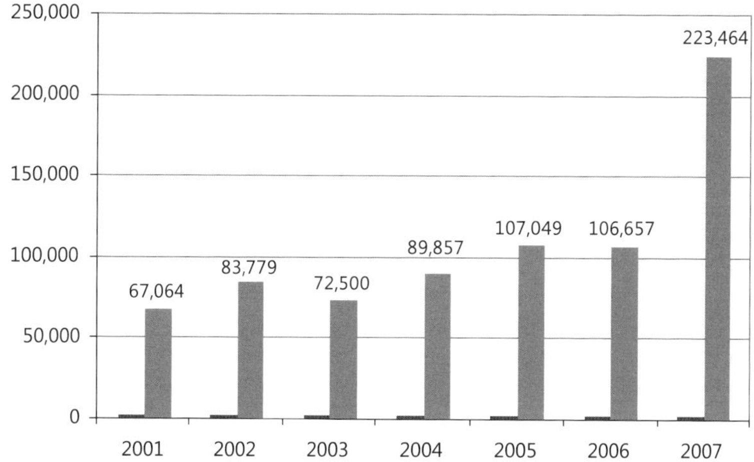

자료: 법무부, 『출입국관리통계연보』, 각년도

남녀 간의 임금격차는 외환위기 이후 다시 지속적으로 개선되고 있다. 여성의 사회진출이 활발해지고 있다고는 하나, 여성 국회의원과 각 정당의 고위 당직자 중 여성이 차지하는 비중은 아직 미미한 실정이다.

국내에 거주하고 있는 외국인과, 그 중에서도 특히 불법체류자의 규모에 대한 관심은 1990년대 이후 크게 늘고 있는 외국인 노동자 문제와 관련이 깊다. 사실상 1990년 이후 국내 거주 외국인의 비중이 크게 늘고 있으며, 그 중에서도 중국과 태국, 베트남, 몽골 등 아시아 지역 출신이 눈에 띄게 증가하고 있다. 국내에 등록된 외국인 거주자는 1985년에 4만 920명에서 2005년에는 48만 5,144명으로 지난 20년간 12배로 증가하였다. 특히 1990년 4만 9,507명에서 1995년 11만 28명, 2000년 21만 249명, 2003년에는 43만 7,934명으로, 1990년대 이후 급격하게 증가하는 양상을 나타내고 있다. 불법체류자 또한 최근 들어 크게 증가하고 있으며, 이들 중 대부분이 산업연수생과 중소기업협의회 등 협회의 추천을 받아 입국한 사람들로서 사실상 생계를 목적으로 국내에 취업하여 체류 중인 사람들이다.

〈그림 4-2〉 역대 국회의원선거 투표율(%)

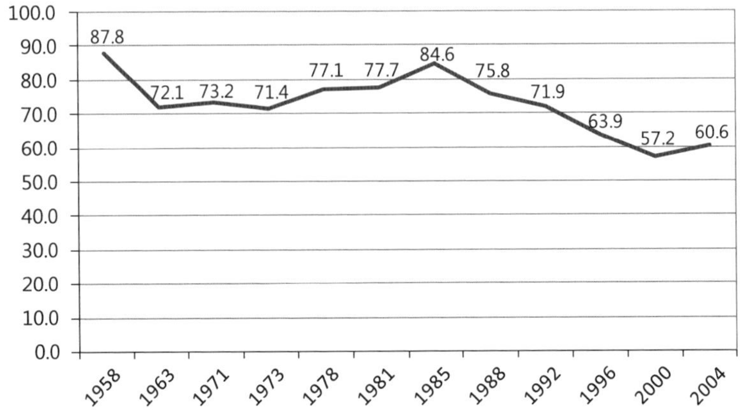

자료: 중앙선거관리위원회, 『국회의원선거총람』, 각년도

불법체류자의 규모는 2001년 6만 7,064명에서 지속적으로 꾸준히 증가하여 2007년 말 현재 22만 3,464명에 이르고 있다. 이미 적지 않은 규모에 달하는 이들 대부분이 국내의 필요에 의해 취업 중인 사람들이라는 점을 고려하면, 이들을 불법체류자의 상태로 남겨 두기보다는 이들에 대해 내국인과 유사한 시민권적 지위와 자격조건을 부여하기 위한 제도적 뒷받침이 필요한 것으로 판단된다.

2005년 8월 4일 개정된 공직선거법에 따라 현재 투표자격은 주민등록이 되어 있는 만 19세 이상의 성인남녀, 그리고 영주자격을 획득한 후 3년 이상이 경과한 등록된 외국인으로 되어 있다. 대통령 선거의 투표율은 1992년에 81.9%를 기록한 이후 2002년에는 70.8%, 2007년에는 63.0%까지 하락하고 있다. 국회의원 선거의 투표율은 1985년에 84.6%로 최고치를 기록한 이후 큰 폭으로 하락하여 2000년에는 57.2%, 2004년에는 60.6%에 머무르고 있다. 지방의회 선거의 투표율은 지속적으로 국회의원 선거보다 낮은 수준을 유지하고 있다.

1988년 상시근로자 10인 이상 사업장을 대상으로 처음 국민연금제도가

〈그림 4-3〉 학력 별 동일 직종의 남성 임금에 대한 여성 임금의 비율(%)

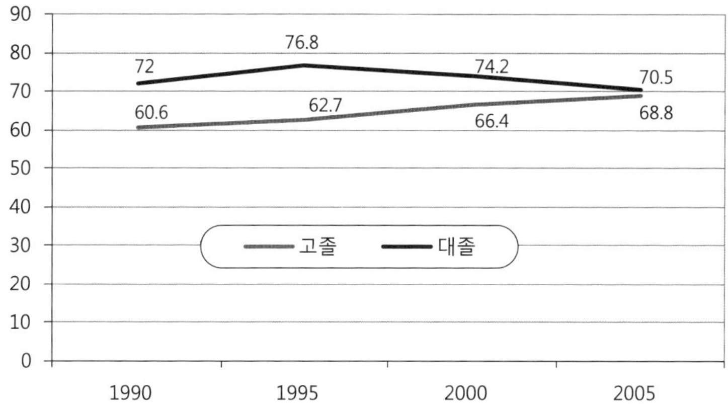

자료: 노동부, 『임금구조기본통계조사보고서』, 각년도

실시된 이후, 1999년 4월 1일부터 대상이 전국민으로 확대되었다. 국민연금 가입자수는 1990년 465만 2,000명으로 전체 국민 중 10.7%에 불과하였으나, 1995년 749만 7,000명(16.8%), 2000년 1,612만 1,000명(34.9%), 2005년 1,712만 4,000명(36.2%) 등으로 지속적으로 증가하여 2007년 말 현재 1,826만 6,742명이 국민연금에 가입하고 있다. 제도가 실시된 지 20년이 경과하는 동안 연금 수급자의 수도 차츰 증가하여 2006년 현재 180만 명을 넘는 사람들이 국민연금을 수령하고 있다.

남녀 간의 임금격차는 1990년 이후 지속적으로 개선되어 왔으며, 특히 대졸자의 경우가 고졸자에 비해 격차가 빠르게 해소되는 추세를 나타내었다. 임금 부분에 있어서의 성차별이 고학력자들에 대해서는 상대적으로 빠르게 해소되어 온 것이다. 그러나 1997년 외환위기를 정점으로 다시 악화되기 시작하여 대졸자의 경우는 2005년 현재 1990년 이전 수준으로 후퇴해 있는 상황이다.

1986년 제정된 법률구조법에 따라 1987년 9월 1일 대한법률구조공단이 설립되었다. 공단에서는 법적 자문과 변론 등의 도움이 필요한 이들에 대해 국가에 대한 소송을 제외한 모든 민형사 사건의 법률상담과 무료변호, 소송대리 등을 지원해주고 있다. 대한법률구조공단의 무료법률구조실적은 2002년의 4만 4,916건에서 2005년 7만 6,058건, 2007년 9만 2,584건으로 꾸준히 증가하고 있다.

2001년 11월 25일에 출범한 국가인권위원회의 연간보고서에서 성별·나이·장애·국적·학력·신분·종교 등을 이유로 한 차별행위 진정사건의 접수와 처리현황을 확인할 수 있다. 지난 6년간 접수된 진정사건의 전체 규모는 189건에서 1,159건으로 크게 증가하였다. 출신지역을 이유로 한 차별행위는 1.3%로 현상적으로 이제는 지역차별이 크게 문제가 되지 않는 것으로 나타나고 있다. 이에 비해 출신국가를 사유로 한 차별이 3.3%를 차지하고 있는 것은 1990년대 이후 크게 증가한 외국인 노동자들의 존재와 관련이 있을 것으로 생각된다. 가장 큰 비중을 차지하고 있는 차별 사유는 사회적 신분과 장애, 나이, 성별 등이다.

여성의 경제활동과 사회진출은 지속적으로 증가하여 왔으나, 공공부문에 있어서나 또는 사기업에 있어서나 여성이 고위직에 진출하는 사례는 극히 제한적이었다. 이러한 현상은 아직까지도 크게 변화하지 않고 있는 상황이다. 국회 및 지방의회의 여성의원 비율은 꾸준히 증가하여 왔으나, 현재 각각 13.0%와 14.2% 수준에 머물러 있다. 여당과 제1야당의 고위당직자 중 여성의 수는 아직까지도 한 자리 숫자를 넘지 못하고 있다. 이에 비해 각종 정부위원회에의 여성참여 비율은 비교적 크게 증가하여 2005년 현재 32.4%에 달하고 있다.

3. 노동시장

개발년대에 줄곧 3% 이하를 유지하던 실업률은 외환위기를 기점으로

〈그림 4-4〉 실업률 변화(%)

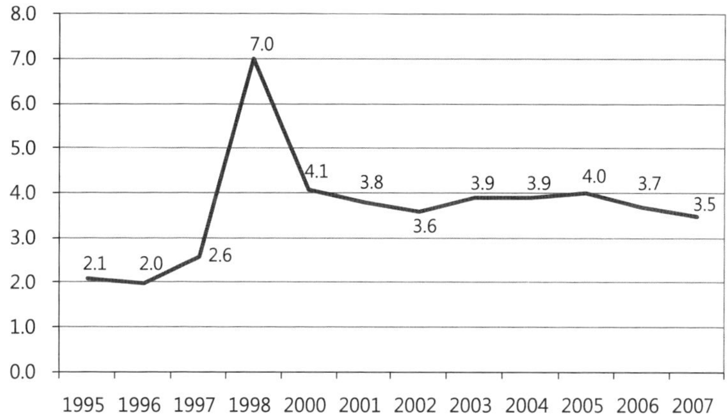

자료: 노동부, 『노동통계연감』, 각년도

7%대까지 치솟았으나, 이후 꾸준히 하락하여 200년 이후에는 4% 이하에서 안정되는 추세를 보이고 있다. 그러나 여전히 취업자 중 비정규직의 비중이 상대적으로 높은 편으로, 고용의 질의 개선이 필요한 상황이다.

한국의 경우 실업률은 개발년대 이후 계속해서 매우 낮은 수준을 유지해 왔다. 1960년대 초반 경제개발계획이 시작된 이후 1970년대 말까지 연평균 8%대에 가까운 경제성장률을 기록하면서 지속적으로 경제규모가 확대되고, 이에 따라 일자리가 계속 늘어난 탓이다. 그러나 1997년의 외환위기는 경제성장률과 국민소득 등경제지표 전반에 커다란 충격을 주었으며, 이는 실업률에 대해서도 마찬가지이다. 지속적으로 2%대를 유지하던 실업률이 1998년 7.0%, 1999년 6.3%로 일시적으로 매우 높은 수치를 보이고 있으며, 그 중 6개월 이상 장기실업자의 비중도 1999년에 18.6%에 달하고 있다. 이후로 실업률도 점차 감소하여 2000년 이후에는 다시 4% 이하를 유지하고 있으며, 장기실업자의 비중도 2003년 이후 2007년까지 10~11%대로 안정화되어 있는 추세이다.

1960년대 급격하게 근대적인 공업 중심의 산업구조로 전환한 한국의 취업구조의 특성은 자영업 부문의 비중이 높다는 것이다. 자영업자수는 1990년 이후에도 지속적으로 증가하고 있으나 상대적으로 전체 취업자 중에서 차지하는 비중은 점차 감소하고 있는 추세이다. 무급가족종사자의 수는 절대적으로 줄어들고 있다. 전체 취업자 중 임금근로자가 차지하는 비중은 1990년 60.5%에서 1995년 63.2%, 2000년 63.1%로 안정적인 추세를 보이다가, 2005년 66.4%, 2007년 68.2%로 최근 들어 다소간 증가하고 있는 경향을 보여준다. 상용근로자의 비중도 1990년 54.2%에서 1995년 58.1%로 증가세를 보이다가 외환위기 이후 크게 하락하여 2000년 47.9%까지 내려갔으나, 이후 지속적으로 다시 상승하여, 2007년에는 54.0%로 1990년과 거의 같은 수준을 나타내고 있다.

이중 눈여겨보아야 할 부분은 상용근로자의 비중이다. 서구의 선진 산업국가의 경우와 다르게 복지 분야에 대한 국가와 기업의 기여가 매우 취약한 한국의 상황에서 정규적인 일자리를 갖지 못한 임시직이나 실업자들의 생존조건은 서구의 그것과는 상당히 다르게 심각한 수준이기 때문이다. 고용보험이나 실업자를 위한 재취업 교육 프로그램 등의 제도적 뒷받침이 경제성장계획 이후 30여 년이 지난 이후에야 모양새를 갖추어 가고 있는 한국사회에서 실업률이나 상근근로자의 비율 등의 지표는 수치로 나타나는 것보다 훨씬 심각하게 고려될 필요가 있는 것이다. 이러한 맥락에서 외환위기 이후 이른바 노동시장 유연화 정책에 의한 대량의 실업사태와 많은 정규직 근로자들의 임시직으로의 전환은 이들의 기본적인 생존권을 크게 위협하는 매우 심각한 타격이었다. 그나마 2000년 이후 점차적으로 비정규직의 비중이 줄어들고 있기는 하나, 이후 지속적으로 유지되고 있는 신자유주의적 정책기조는 이 분야에 대한 앞으로의 전망을 어둡게 하고 있는 요소이다.

〈그림 4-5〉 임금근로자 중 비정규직(임시직+일용직) 비중 변화 추이(%)

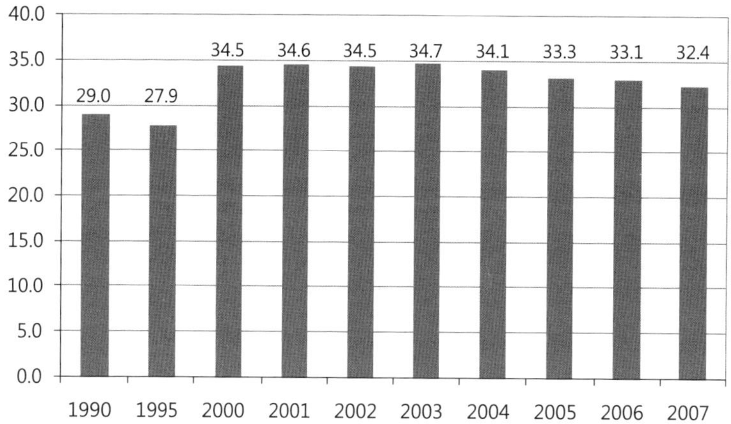

자료: 통계청, 「경제활동인구조사」, 각년도

4. 사회적 서비스

한국의 높은 교육열은 높은 취학률과 진학률로 나타난다. 2007년 현재 남녀 공히 고등학교 졸업자 중 80% 이상이 대학에 진학하고 있으며, 남녀 간의 격차도 크게 줄어든 것으로 나타난다. 65세 이상의 노인들을 대상으로 한 조사결과에 따르면, 상당수의 노인들이 일상생활 수행능력에 문제가 있다고 느끼며, 도움을 필요로 하고 있는 것으로 나타났다. 공공체육시설과 문화시설은 전국적으로 꾸준히 증가하고 있으나, 서울과 경기지역에 편중되어 있다.

한국의 교육열이 높은 취학률과 진학률로 나타나고 있다는 섬은 이미 잘 알려져 있다. 초등학교 취학률은 줄곧 97% 이상을 기록하고 있어, 거의 모든 국민이 초등교육의 혜택을 받고 있다고 할 수 있다. 특기할 만한 사실은 대학 취학률이 1982년 17.2%에서 2007년에는 66.1%로 크게 높아졌으며 남녀 간의 격차도 같은 기간에 크게 줄어들고 있다는 점이다. 1982년의

〈그림 4-6〉 대학 진학률(%)

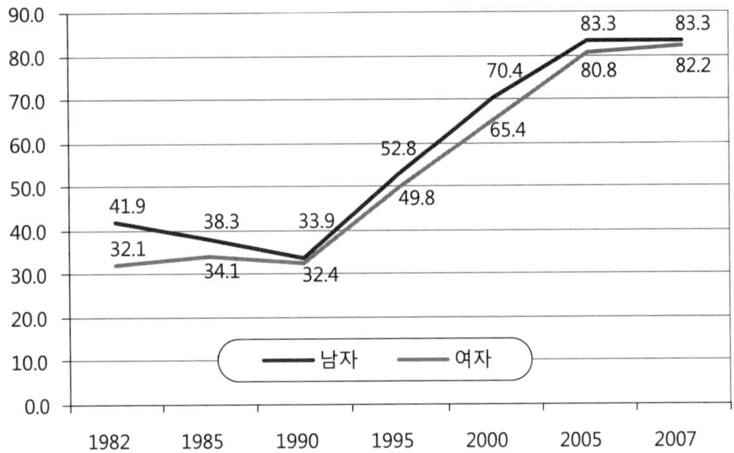

자료: 교육인적자원부·한국교육개발원, 『교육통계연보』, 각년도

대학 취학률은 남자 23.1%, 여자 10.8%로 남성이 여성에 비해 2배 이상 높게 나타나고 있다. 그러나 2007년에는 각각 68.6%와 63.4%로 남녀 간의 격차가 거의 사라지고 있다. 고등학교 졸업자의 대학 진학률은 같은 기간에 37.7%에서 82.8%로 높아졌으며, 이 부분에서도 남녀 간의 격차가 크게 좁혀졌다. 1982년에 고등학교 졸업자의 대학 진학률은 남자가 41.9%로 32.1%에 불과한 여자의 경우보다 훨씬 높은 비율을 나타내고 있으나, 2007년에는 각각 83.3%와 82.2%로 거의 대등한 수준을 기록하고 있다. 전체 고등학교 졸업자 중 남여 공히 80% 이상이 대학에 진학하고 있다는 것은 전국민이 평균적으로 높은 수준의 교육 서비스 혜택을 받고 있다는 점에서 긍정적인 현상으로 볼 수 있지만, 동시에 달리 생각해 보아야 할 문제를 제기하는 것이기도 하다. 현재 우리 사회에서 대학 졸업장을 갖지 못한 사람들이 일자리를 얻기가 그만큼 어렵다는 현실을 반영하는 것이기도 하기 때문이다.

도움을 필요로 하는 노인들의 비율에 대해서는 한국보건사회연구원의

『전국 노인생활실태 및 복지욕구조사』에서 그 실태를 파악해 볼 수 있다. 전국의 65세 이상 노인들을 대상으로 한 표본조사는 기본적 일상생활 수행능력(Activities of Daily Living, ADL)과 수단적 일상생활수행능력(Instrumental Activities of Daily Living, IADL)의 두 가지의 영역에서 노인들의 어려움을 조사하고 있다. ADL은 노인들이 일상생활에서 기본적으로 수행하여야 할 동작을 나타내는 목욕하기, 옷 갈아입기, 식사하기, 앉기, 걷기, 화장실 이용하기 등 6개 척도로 구성되며, IADL은 일상용품 사러 가기, 전화걸기, 버스/전철 타기, 가벼운 집안일 하기 등 네 가지 척도로 구성된다. 1998년의 조사결과에서 ADL의 6가지 척도에 대해 68.1%의 노인들이 전혀 어려움을 느끼지 않는 것으로 조사되었다. 나머지 31.9%의 노인들은 최소한 한 가지 이상의 일상생활 수행능력에 어려움을 가지고 있는 것으로 나타났으며, 여섯 가지 모두에 어려움을 느끼는 노인도 15.4%에 이르는 것으로 나타났다. 여섯 가지 동작 중 노인들이 가장 어려움을 느끼는 것은 걷기로서 26.7%가 어려움을 느낀다고 답하였으며, 다음은 앉기로서 25.1%가 앉는데 어려움이 있다고 답하였다. IADL의 네 가지 항목에 대해서는 56.6%의 노인들이 전혀 어려움을 느끼지 않는다고 대답하였다. 나머지 43.5%의 노인들은 이중 최소한 한 가지 이상에 대해 어려움이 있다고 답하였으며, 네 가지 모두에 대해 어렵다는 대답을 한 노인도 10.2%였다. 수단적 일상생활 동작 중 가장 많은 노인들이 어려움을 느끼는 것은 버스/전철 타기로서 전체의 37.7%가 어려움을 느낀다고 답하였으며, 그 다음은 일상용품 사러 가기로서 28.8%가 이에 어려움을 느낀다고 대답하였다.

2004년의 조사에서는 ADL과 IADL의 항목수가 각각 12개와 10개로 늘어나 보다 세분화된 측정이 이루어졌다. 기본적 일상생활수행에 필요한 동작 중 노인들이 가장 어려움을 느끼는 것은 '목욕하기'로서 6.5%가 어려움을 느낀다고 대답하였으며, 다음으로는 옷 벗고 입기에 대해 3.7%가 어려움을 느낀다고 대답하였다. 수단적 일상생활 수행능력에 있어서는

14.9%의 노인이 어려움을 느낀다고 대답한 금전관리하기가 노인들이 가장 어려움을 느끼는 문제로 나타났으며, 다음으로는 전화사용하기와 교통수단 이용하기에 대해 각각 13.4%와 13.8%의 노인들이 어려움을 느낀다고 대답하였다.

이 조사결과로 알 수 있는 내용은 65세 이상의 노인 중 적지 않은 수가 걷기와 앉기, 목욕하기 등 기본적인 일상생활의 수행에 있어 어려움을 느끼고 있어, 타인의 도움을 필요로 한다는 사실이다. 이러한 어려움을 느끼는 노인들이 집 밖으로 나가서 생활용품을 구입하거나 교통수단을 이용해 이동하는 데 있어서 보다 큰 어려움을 느끼리라는 것은 쉽게 알 수 있다. 이들을 위한 자원봉사자들의 활동이 이어지고 있고 또한 노인복지시설이 운영되고 있지만, 이에 대한 인지도가 그다지 높지 않으며 당사자들이나 가족들이 이용에 대해 부담을 느끼고 있는 것으로 나타나 제도적인 보완이 요구된다. 두 차례의 조사에서 공히 교통수단을 이용하는 데 어려움을 느낀다는 대답이 높은 비율로 나타나고 있다는 점은, 노인들의 일상생활을 위해 사회적이고 정책적인 도움이 필요한 부분을 알려 준다는 점에서 중요한 사실이라 할 수 있다.

운송수단 서비스의 질에 대해서는 장애인의 교통수단 이용의 편의성을 기준으로 평가해 볼 수 있다. 1998년 시행된 장애인 편의증진법에 힘입어 전체 편의시설 설치대상시설의 설치율은 1998년 47.4%에서 2003년에는 75.8%까지 증가하였다. 지하철 및 철도역사의 승강설비 설치현황은 2004년 6월 현재 전체 580개 설치대상 중 480개에 엘리베이터나 휠체어 리프트가 설치되어 82.7%의 설치율을 나타내고 있다. 그러나 아직까지도 장애인들이 지하철 및 철도를 완전히 자유롭게 이용하기에는 부족한 상황이며, 장애인을 위한 저상버스 운행은 서울을 비롯한 몇 개 도시에서만 시험운행 단계에 있는 등, 개선의 여지를 크게 남기고 있다.

국민들의 문화체육활동에 대해 단지 제공되고 있는 시설의 수만으로 평

〈표 4-1〉 지하철 및 철도역사의 승강강치 설치현황

대상시설 / 구분	설치대상	설치역사			비해당역사 (단층건물)
		설치역사 (설치율)	엘리베이터 (설치대수)	휠체어리프트 (설치대수)	
계	580	480(82.7%)	245(642대)	390(1,261대)	234
철도역사	50	38(76.0%)	14(54대)	32(83대)	232
고속철도역사	19	17(89.5%)	11(73대)	9(29대)	0
지하철역사	512	425(83.0%)	220(515대)	349(1,149대)	2

자료: 설재훈 외, 2004

가하는 데 대해서는 이론의 여지가 있을 수 있겠으나, 기본적인 인프라의 제공이라는 측면에서 중요한 조건임은 물론이다. 공공체육시설에 대해서는 문화체육관광부에서 간이운동장에서부터 축구장, 야구장, 체육관, 빙상장 등에 이르기까지 총 20가지로 분류하여 현황을 매년 파악하고 있다. 2001년 현재 전국적으로 5,370개소였던 공공체육시설은 지속적으로 그 수가 늘어나 2006년 말 현재 8,753개소에 달하고 있다. 그러나 이 중 다수가 서울과 경기지역에 집중되어 있는 것으로 나타난다. 공연시설과 박물관, 미술관 등의 전시시설을 포함하는 문화시설의 수는 단순하게 수치상으로만 보았을 때는 체육시설의 경우보다 훨씬 빠르게 증가하는 양상을 보여준다. 전국적으로 1995년 1,434개, 2001년 1,684개에 불과하던 문화시설의 수는 이후 급격하게 증가하여 2005년 말 현재 1만 1,143개에 달하고 있다. 특히 2003년에서 2004년 사이 1년 동안 전체 수가 몇 배로 증가한 것으로 나타나는데, 내용을 보면 2003년까지 통계에 잡히지 않고 있던 지역문화체육센터가 2004년부터 포함되고 있기 때문임을 알 수 있다. 또한 문화시설의 경우도 서울과 경기, 그리고 경남지역에 집중적으로 배치되어 있음을 볼 수 있다.

〈그림 4-7〉 전국문화체육시설수 변화 추이

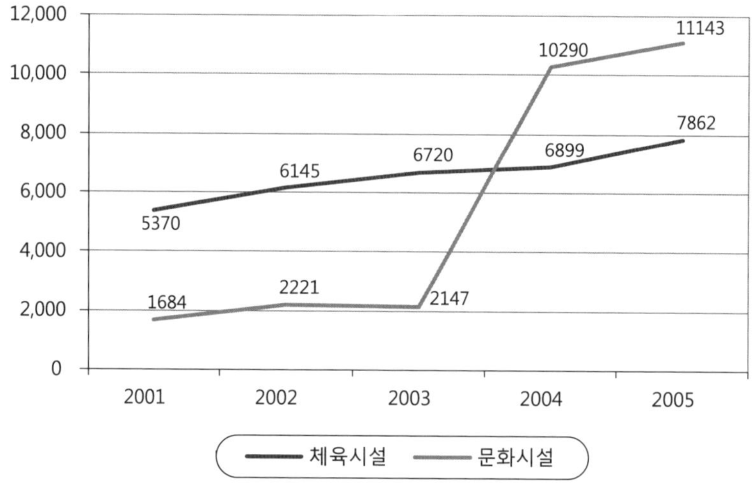

자료: 국가통계포털, KOSIS, 2009

5. 사회적 네트워크

이 영역의 지표들이 확인하고자 하는 내용은 사람들이 대체적으로 하루에 얼마나 많은 수의 이웃, 친구들과 접촉하는지, 그리고 고립감이나 외로움을 느끼는지, 가족 및 친척들과는 얼마나 자주 접촉하며 필요한 경우 이들로부터 도움을 받고 있는지 등이다. 이에 대해서는 지속적으로 변화 추이를 확인할 수 있는 조사자료가 존재하지 않는다. 현재 확인 가능한 것은 ISSP 2004 [사회관계와 지원체계] 특별 모듈조사의 내용 정도이다.

이 조사결과에 따르면 전체 조사대상 1,312명 중에 하루에 접촉하는 사람수가 0~4명이라는 응답이 332명, 5~9명이 350명, 10~19명이 309명으로, 대부분의 사람들이 하루에 20명 이하의 사람들과 접촉하고 있는 것으로 나타났다. 20명 이상이라고 응답한 사람은 305명, 모름/무응답이 16명이었다. 일상생활을 하는 가운데 하루 평균 몇 명 이상의 사람들과 접촉하는 것이 바람직하다는 절대적인 기준을 제시하기는 어렵지만, 정규적인 직장생활을 하거나 일상적으로 집 밖에서 취미활동 등을 통해 이웃 또는 친구들을 접촉하는 경우 통상적으로 10명 이상의 사람들을 접촉하게 되는 것이 일반적이라고 생각해 볼 수 있다. 이렇게 볼 때 전체 응답자의 반 이상이 하루에 접촉하는 사람수가 10명에 미치지 못한다고 응답하고 있으며, 그 중 332명은 0~4명이라고 응답하고 있다는 사실은, 생각보다 많은 사람들이 비교적 타인과의 접촉을 많이 하지 않고 고립된 생활을 하고 있는 것이라고 해석해 볼 수 있다.

조사대상자들 중 대부분은 부모 및 자녀, 형제자매들과 적어도 1년에 몇 번 이상은 만나고 있는 것으로 나타났다. 그러나 응답자의 5~6% 정도는 부모님과 1년에 두세 번 이하로만 만나고 있다고 응답하였으며, 특히 형제자매와는 1년에 두세 번 이하만 만난다는 응답이 12% 이상에 달하였다.

아플 때 도움을 청하는 사람으로는 가장 많은 응답자들이 배우자와 어머니, 다음으로 딸과 본인의 여자형제라고 응답하였다. 급한 일로 돈을 빌릴 때는 가족보다는 친한 친구와 금융기관을 먼저 찾는 것으로 나타났다. 가족 중에서는 어머니, 아버지, 본인의 여자형제, 그리고 배우자의 순이었다. 우울할 때 도움을 청하는 사람으로는 가장 많은 응답자가 친한 친구라고 응답하였으며, 그 다음으로 배우자라는 응답의 비중이 높았다. 어머니나 아버지라는 응답보다는 '없다'라는 응답의 비중이 크게 높은 것으로 나타났다.

제5장

역능의 동향분석

1. 들어가며

사회적 역능성(social empowerment) 지표는 권리의 주체인 시민이 인간으로서의 개인적·집합적 존엄성과 자율성을 높이기 위해 사회적 관계와 제도를 어떻게 바꾸어 나갈 것인가에 초점을 둔다. 따라서 사회적 역능성 지표는 사회적 관계 속에서 살아가는 개인이나 집단이 자신의 삶을 통제할 수 있는 역능과 자율성을 높이기 위하여 사회적인 관계, 구조와 제도들을 어떻게 바꾸어 가는 것이 좋은가라는 질문에 답하는 데 있다.

사회적 역능성 지표의 핵심을 이루는 이러한 질문은 다시 다섯 가지 하위 질문(Hermann, 2003)으로 나뉠 수 있다. 각각은 사회적 역능성 지표가 다루고 있는 내용에 해당한다.[1]

1. 사회적 역능성(力能性) 지표의 역사는 길지 않다. 다른 세 영역의 지표와 비교하면 가장 짧다고 할 수 있다. 그렇지만 역능성 개념이 우리에게 낯선 것은 아니다. 이미 유엔 여성권한척도(GEM: Gender Empowerment Measure)가 개발되어 남녀평등과 여성의 사회적 역량의 정도를 측정하는 지표로 활용되고 있다. 이 연구는 권한 대신에 역능성, 역능화라는 표현을 쓴다. 역능성이라는 표현이 개인이나 특정 집단의 사회적 자율성을 강조하는 역능성 지표

첫째, 사람들은 어떤 종류의 지식을 가지고 있고, 그 지식을 어떻게 습득하는가?(질문과 유럽 SQ 지표 체계는 정확히 일치하지 않음)

둘째, 사람들이 자신의 노동시장 지위를 어느 정도로 통제하고 있는가?

셋째, 관련된 제도와 개인들의 관계는 어떠한 상태인가?

넷째, 공적인 공간은 어떻게 구조화되어 있는가?

다섯째, 개인의 사회적 상호작용을 지원하는 체계가 존재하는가?

이 연구는 유럽의 지표 체계를 활용하면서도 새로운 세기가 지향해야 할 인간과 시민의 새로운 권리 형태들을 부각시키면서 한국의 상황을 드러내고자 하였다. 이러한 작업은 한국에서 사회적 권리와 제도의 패러다임을 개선하고 전환하는 데 필요한 지점들을 확인하고, 디딤돌을 놓는 데 기여할 수 있을 것이다. 이 연구는 이러한 점을 염두에 두면서 각 지표 영역별로 한국 사회의 밝은 면뿐만 아니라 시대적인 요구에 부응하기 위해 새롭게 조명하고 개선해야 할 점들을 특징적으로 부각하고 주제화하는 서술 방식을 채택한다.

2. 지식기반, 사회적 역능성, 사회의 질

사람들은 어떤 종류의 지식을 가지고 있고, 그 지식을 어떻게 습득하는가?

앎에 대한 권리는 근대의 가장 기본적인 권리로 발전하여 왔다. 기본권으로서 교육권의 제도화는 개인이 자신과 사회적 삶을 개선하는 데 필요한 지식 그리고 특정한 지식과 결합된 자격에 접근할 수 있는 가능성이 넓어졌다는 것을 뜻한다. 특히 20세기에 이러한 권리의 확대는 한 사회의 구성원들이 자신의 세대 안에서 사회적 상승 이동을 이루거나 세대 간에 사

의 취지를 더 잘 살린다고 보기 때문이다. 역능성은 대만에서는 사회충권(社會充權), 중국에서는 사회부권(社會賦權)이라고 번역한다.

회적 상승 이동의 가능성을 높이는 데 기여했다.

지식·교육·학습·정보에 대한 권리는 지식 기반 사회에 부합하는 가장 기본적인 인권에 속한다고 할 수 있다. 지식 기반 사회로의 이행은 이미 축적되어 있거나 새롭게 생산되고 있는 지식, 정보와 의견들에 보편적으로 접근하고, 이해하고 배우며, 표현하고 나누며 소통할 수 있는 가능성이 높아지지 않고서는 온전히 이루어질 수 없다. 이러한 가능성을 확대하며 향유하는 것은 사회구성원이 자신의 삶을 통제하며 인간답고 품위 있게 살 수 있는 지적 역량을 발전시키는 데 가장 핵심적인 권리의 영역에 속한다.

이러한 점에서 보자면 한국사회는 한편으로 매우 유리한 위치에 놓여 있다. 한국은 지식 기반 사회의 핵심 하부구조의 하나인 인터넷의 보급과 활용에 있어서 세계적인 선두 그룹에 속하기 때문이다(지표 75). 고등교육기관인 대학 신학률 역시 큰 폭으로 증가해 왔다(지표 72). 이러한 지표들로만 보자면 한국은 이미 세계적인 선두 대열에 속한다. 하지만 이러한 기술적 하부구조의 개선이나 대학 진학률의 증가가 사회구성원의 지적 역량, 삶의 질이나 사회의 질의 향상과 얼마나 궤를 같이 하고 있는 것일까?

한 사회의 지적 역량을 측정할 수 있는 가장 기본적인 지표는 문해력(literacy)이다(지표 73). 문해력은 문자와 기호를 읽고, 쓸 수 있는 능력, 즉 문자나 기호를 해독하고 해득하는 능력을 가리킨다. 문맹률은 그 반대 개념이다. 일반적으로 한국의 문맹률은 매우 낮은 것으로 알려져 있다. 유엔국제개발계획(UNDP)이 공표한 2007, 2008년도 인간개발지수(HDI) 15세 이상 성인 한국인의 문맹률이 1%라고 발표하고 있다. 이러한 발표는 초등학교를 졸업하고 중학교에 진학하는 비율이 99.9%(1992년)에 이르렀고, 전문대학과 대학교 진학률은 82%(2006년)에 이른 현실에서 너무나 당연한지도 모른다.

그렇지만 한국의 국가기관이 문맹률을 공식적으로 조사해서 발표한 것

〈표 5-1〉 비문해율(문맹률)

조 사 자	조사대상	문맹률	문해자의 기준
중앙교육연구소(1953)	전국 12세 이상 인구 5.5% 표집	22.1%	한글편지 정도 읽고 쓰기
한국교육개발원 최운실 외(1990)	전국 13세 이상 인구 2,116명 표집	13.7%	초보적인 문자 문해 이상
한국교육개발원 이희수 외(2002)	전국 20세 이상 인구 2,979명 표집	24.8%	초등 6학년 수준

자료: 전은경, 2005

이 1966년이 마지막이다. 통계청이 제공하는 『국제통계연감』(2008)의 성인문자해득률 국제비교는 UNDP의 인간개발지수(2007/2008)를 인용하고 있지만 이 지표에는 한국의 수치가 제시되어 있지 않다. 통계청이 UNDP의 15세 이상 성인 한국인의 문해율 지표를 승인하고 있지 않고 있다는 뜻이다. UNDP는 초등학교 미취학률을 근거로 한국의 문맹률을 추계한 것으로 알려지고 있다.

취학률 또는 진학률은 문맹률(illiteracy rate) 또는 비문해율(literacy rate)을 측정하는 데 유용한 지표인가? 놀라운 것은 2004년도에 교육인적자원부와 한국교육개발원이 함께 작성한 『평생교육백서』의 내용이다. 교육개발원이 2002년도에 실시한 성인 문해력 조사에 따르면, 한국의 만 20세 이상 성인 가운데 완전비문해자가 8.4%에 이른다. 읽기, 쓰기와 셈하기를 초등학교 6학년에게 요구되는 수준으로 할 수 있는 정도를 기준으로 측정한 문맹율은 24.8%에 이른다. 이 기준에 따르면, 만 20세 이상 성인 네 명 가운데 한 명이 문해율 기준을 충족하지 못하고 있다(지표 73).

이희수 외(2002)의 조사는 OECD의 성인 문해력 조사(The Adult literacy and lifeskills survey)와 같은 방식으로 이루어진 것이다. 산문 문해력은 비교대상국 가운데 중위권에 속하고, 수량 문해력은 중하위권에 속하는 것으로 평가되었다. 문서 문해력, 즉 구직 원서를 비롯하여 급여 양식, 대중교통시간표, 표와 그래프 등 문서 정보를 찾고 사용하는 데 필요한 지식과 기술은 더욱 떨어져 하위권에 속한다(지표 73). 국민 네 명 가운데 한 명이 읽고, 쓰고, 셈하는 데 어려움을 겪고 있는 것으로 파악되었다. 통계청에서 국민기초문해능력을 측정하여 공표하도록 하는 법률(2008)이 마련된 것은 이런 점에서 다행스런 일이다.

지식기반 사회로의 이행을 강조해 온 한국 사회에 드리워지고 있는 또 다른 그림자는 고학력 청년 실업자의 증가 추세이다. 높은 지식을 습득하기 위해 고등교육을 받은 많은 수의 젊은이가 취직난을 겪으며 실업자가 되고 있는 것이다.

교육수준이 크게 향상되면서 전문대학과 대학교(4년제)를 포함한 대학 진학률은 2005년 현재 82%에 이르렀다(지표 72). 그렇지만 20–24세의 대졸 실업률은 2008년 현재 9.1%에 이른다(지표 72). 이 연령대의 4년제 대학교 졸업자의 실업률이 전문대를 졸업한 청년층의 실업률보다 높아진 것은 2002년부터다. 이러한 추세는 2008년까지 이어지고 있다. 많은 사람이 대학을 졸업했을 연령대인 25–29세 구간에서 전문대 졸업자의 실업률은 2008년 현재 5.1%, 대학교 이상 졸업자의 실업률은 5.4%로 전체 평균을 웃돌고 있다.

한국사회에서 고등교육을 받는다는 것은 사회적 상승 이동을 이룰 가능성이 커진다는 것을 의미해 왔다. 그렇지만 고등교육을 받은 청년층의 높은 실업률 추세가 지속된다면, 이러한 가능성에 대한 기대가 얼마나 지속될 수 있을까? 한국사회에서 사회이동의 가능성에 대한 태도의 변화 추이는 현재의 불안(높은 실업률)과 함께 미래(사회이동 가능성)에 대한 불안감이 고학력자 사이에서도 커지고 있다는 것을 보여주고 있다(지표 72). 이러한 불안감은 본인의 세대 내 이동과 부모와 자녀 간의 세대 간 이동의 가능성에 대한 태도에서 모두 감지된다.

〈표 5-2〉 사회적 이동 가능성에 대한 태도(학력별) (%)

구분	사회적 이동 가능성에 대한 태도										
	1999				2003				2006		
	가능성 높다	보통	가능성 낮다	모르겠다	가능성 높다	보통	가능성 낮다	모르겠다	가능성 높다	가능성 낮다	모르겠다
세대간 이동											
전국	41.2	36.6	11.2	11.0	45.5	17.9	19.8	16.8	39.9	29.0	31.2
초졸이하	36.0	31.4	9.3	23.3	39.1	15.1	15.0	30.8	35.3	21.8	42.9
중졸	37.8	37.3	12.4	12.5	41.0	18.7	19.3	21.0	36.9	27.1	35.9
고졸	42.0	38.1	11.6	8.3	45.5	18.3	21.5	14.8	38.6	31.1	30.4
대졸이상	46.7	38.6	11.4	3.2	51.8	18.7	20.7	8.8	45.4	31.2	23.4
세대내 이동											
전국	21.7	42.0	25.6	10.8	33.1	27.9	29.3	9.6	27.5	46.7	25.7
초졸이하	19.0	33.6	22.4	25.1	25.6	26.9	24.7	22.8	23.4	35.8	40.9
중졸	16.9	40.8	28.8	13.5	28.4	30.6	29.0	11.9	22.7	45.7	31.6
고졸	20.3	44.4	27.9	7.3	31.7	29.5	31.5	7.2	24.3	51.0	24.7
대졸이상	29.7	46.1	22.3	1.9	42.0	25.2	29.5	3.3	36.2	48.0	15.9

자료: 통계청, 「사회통계조사보고서」 각년도. 가구주 대상 통계청, 「2007년 한국의 사회지표」 (www.nso.go.kr)

먼저, 대졸이상의 학력자가 자신의 세대 내에서 상승이동할 '가능성이 높다'는 의견은 다소간에 등락이 있다(1999년 30%, 2003년 42%, 2006년 36%). 하지만 '가능성이 낮다'는 의견은 1999년 이후 7년 만에 2배로 증가했다(1999년 22%, 2003년 29.5%, 2006년 48%). 2006년도 문항에서 '보통이다'라는 응답항목이 사라진 것을 고려해도 매우 높은 수치이다. 2006년도에는 '모르겠다'는 응답도 늘어났는데 선택 문항이 달라진 탓과 미래의 불확실성에 대한 인식이 커진 탓 모두가 작용했을 여지가 있다.

한국의 높은 교육열은 부모의 입장에서 사회적 지위의 세대간 전승이나 자녀의 사회적 상승이동에 대한 열망과 관련이 되어 있다. 사회통계조사

결과는 학력수준과 상관없이 세대 간 상승이동에 대한 기대가 세대 내 상승이동에 대한 기대보다 크다는 것을 알 수 있다(지표 72). 대졸 이상의 교육수준을 가진 사람의 경우에 세대간 이동의 '가능성이 높다'는 응답이 2003년(52%)과 2006년(45%) 사이에 다소 낮아졌는데 '세대 내 이동'의 경우보다는 상승이동의 가능성을 높게 보고 있는 편이다.

하지만 자녀의 상승이동 '가능성이 낮다'고 응답한 비율이 학력 수준을 가리지 않고 높아지고 있다. 2003년의 특징은 세대 간 이동 '가능성이 낮다'는 응답과 함께 '가능성이 높다'는 의견도 많아졌다는 점이다. 세대 간 이동 가능성에 대한 태도에 분화가 나타난 것이다. 2006년에는 모든 학력수준에서 이러한 분화가 사라진다. 특히 대졸 이상의 학력을 가진 조사대상자에서 세대 간 상승 이동의 '가능성이 낮다'는 응답이 2006년(31.2%)에는 2003년(20.7%)보다 10% 포인트 이상 높아졌다.

교육 수준이 전반적으로 크게 향상되었어도 지식과 정보를 찾고, 활용하는 데 필요한 문해 능력이 뒤떨어지는 사람이 적지 않다는 것, 고학력 실업자가 많아지고, 사회적 상승이동에 대한 기대가 학력수준을 가리지 않고 낮아지고 있다는 것이 지식기반 사회로의 이행에 요구되는 사회의 질의 다른 차원들－사회적 포용성, 사회경제적 안전, 사회적 응집성－에도 부합하는 현실은 아니다.

자신의 상태를 개선하기 위해 필요한 지식과 정보를 찾고, 해석하고, 사용하는 데 어려움을 겪는 사람에게는 아무리 많은 정보가 인터넷에 존재한다고 해도 무용지물이다. 교육 내용과 교육체계의 개선이 필요하며, 배움의 기회가 공식적인 학교 교육을 끝나서도 안 된다. 교육인석사원부·한국교육개발원의 『평생교육백서』(2004)에 따르면 한국 성인(만 25–64세)의 평생학습참여율은 23.4%에 불과하다. OECD 주요 국가의 평생학습참여율은 44.0%에 이른다. 직무 관련된 평생학습참여율은 더욱 떨어져 14%에 불과하다. 성폭력을 당한 여성, 장애인, 이주노동자, 결혼이민자 등 어려움을 겪고 있는 사회적 약자들이 자신에게 필요한 지식과 정보에 접근할 수 있는 통로도 확대되어야 한다(지표 77).

3. 노동시장, 사회적 역능성, 사회의 질

사람들이 자신의 노동시장 지위를 어느 정도로 통제하고 있는가?

한국인은 일하는 시민(working citizen)으로서 자신의 노동시장 지위를 어느 정도로 통제하고 있는가? 이 질문은 사회적 역능성 지표 체계 가운데 노동시장 지표가 측정하고자 하는 것이다. 노동시장의 구조, 제도와 상태를 측정하는 방식은 여러 가지가 있다. 이 가운데 사회적 역능성 지표가 측정하고자 하는 것은 고용계약에 대한 통제 정도, 직업적인 (상승) 이동의 가능성, 그리고 직장과 일이 얼마나 가족친화적이며 개인의 삶과는 얼마나 잘 조화를 이루고 있는가이다.

한국의 노동조합 조직률은 1989에 정점에 이른 뒤 지속적으로 하락하는 추세에 있다. 1989년 19.8%였던 노동조합 조직률은 2005년 현재 10.3%로 1989년의 거의 반으로 떨어졌다. 노동조합원수도 계속 하락 추세에 있는 편인데 노동조합의 조직률만큼 가파르게 줄지는 않았다. 1989년 193만 명이던 조합수가 2005년 현재에는 150만 명이다.

노동조합이 기본적으로 노동자가 자신이 고용되고 일하는 조건을 협상하고 계약하는 가장 기본적인 노동자 조직이라는 점을 고려하면, 노동자의 낮은 조직률은 노동자의 낮은 노동시장 지위와 사회적 역능성을 가리킨다고 볼 수 있다. 실제 선진국의 주요경제기구인 OECD 국가 가운데 한국의 노동조합 조직률은 최하위를 기록하고 있다.

한국에서 단체협약의 적용범위는 대체로 노동조합 조직률과 일치하는 편이다. 단체협약이 기본적으로 기업별 노동조합 체제를 바탕으로 체결되

〈그림 5-1〉 노동조합 조직률과 단체협약 적용률[2]

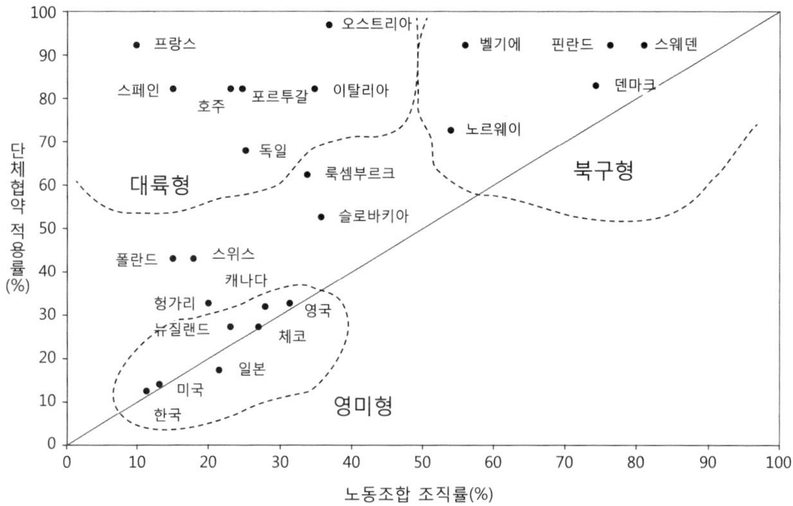

자료: 2001 Labour Force Survey, http://www.dti.ul/er/emar/artic_02.pdf, Hacking(2005) "Social Quality: The British National Report," pp.56

어 왔기 때문이다. 〈그림 5-1〉은 노동조합 조직률과 단체협약의 적용 범위를 교차시켜 구성한 것이다. 이 그림을 보면 한국이 어디에 위치하여 있는가를 쉽게 파악할 수 있다. 한국은 일본과 함께 미국과 영국 유형의 교섭체계, 이른바 앵글로-색슨형 교섭체계에 속하는 나라라고 할 수 있다.

매우 흥미로운 것은 프랑스 사례다. 프랑스의 경우 한국보다 노동조합 조직률이 낮은 편인데 단체협약의 적용률은 매우 높다. 프랑스의 협약 적용률은 노동조합 조직률이 매우 높은 스웨덴, 노르웨이, 핀란드 등 북구 나라와 비교해도 뒤떨어지지 않는다. 한국이 노동조합 조직률과 단체협약 적용률이 모두 낮은 앵글로 색슨형에 속한다면, 프랑스는 조직률은 낮지만 단체협약 적용률은 높은 (유럽) 대륙형에 속한다고 할 수 있다. 스웨덴

2. 노동조합조직률과 단체교섭 적용률(2000~2004년)에 대한 국제통계는 국제노동기구(ILO)의 「사회적 대화 지표」(Lawrence and Ishikawa, 2005)에서 확인할 수 있다.

은 노동조합 조직률과 단체협약 적용률이 모두 높은 북유럽형으로 분류할 수 있다. 노동자의 권리를 사회적으로 포용하는 정도를 보자면, 앵글로-색슨형의 교섭체계가 사회적 포용성이 가장 낮다. 사회적 포용성이 가장 높은 교섭체계는 북유럽형이다.

한국보다 노동조합 조직률이 낮은 프랑스 노동자가 더 높은 노동시장 지위를 누리는 이유 가운데 하나는 바로 단체협약을 체결하고 적용하는 교섭체계에 있다. 프랑스에서는 특정 산업 부문에서 단위 노동조합이 체결한 단체협약이 기존의 것을 더 개선했다면, 그 결과가 해당 산업 부문에서 일하는 노동자에게 보편적으로 적용된다. 그렇기 때문에 노동조합이 없는 민간 및 공공 사업장에서 일하는 노동자도 그 교섭 결과의 영향과 혜택을 받게 된다.

프랑스와 같은 교섭체계에서는 노동조합에 참여한 노동자와 그렇지 않은 '나머지 시민'을 기계적으로 구별하기 어렵다.[3] 노동조합 조직률도 높고 단체협약 적용률도 높은 북유럽에서는 더욱 그러하다. 노동자도 시민이며, 시민의 다수는 또 조직된 노동자인 것이다. 시민은 근대 정치에서 정치의 주체의 다른 이름이다. 노동자와 시민을 기계적으로 구별하지 않을 때 일하며 살아가는 보통사람이 자신의 삶을 결정하는 과정에 참여하며 통제하는 시민 주체가 될 수 있다. 일하는 보통사람이 시민 주체로 살아갈 수 있게 될수록 사회의 질의 다른 측면들, 즉 사회적 포용성은 물론이고, 사회경제적 안전성과 사회적 응집성도 높아진다.

한국인이 자신의 노동시장 지위를 얼마나 통제하며 살아가는가라는 문제는 직업이동의 전망을 통해서도 살펴볼 수 있다. 유럽의 사회적 역능성 지표는 직업이동의 전망을 세 가지 지표, 즉 재직자 직업훈련 비율, 공공

---

3. 프랑스가 이러한 교섭체계를 제도화하는 데 주도적인 역할을 한 것은 예상과 달리 노동자가 아니라 사용자이다. 한 업체가 임금을 낮추거나 노동시간을 늘여 다른 업체에 대해 경쟁력을 확보하려는 공정치 못한 시도를 방지하고자 했던 것이다.

〈표 5-3〉 직업훈련현황(천명(%), 억원)

훈련명	2000년		2001년		2002년		2003년		2004년	
	인원	예산	인원	예산	인원	예산	인원	예산	인원	예산
총계	1,516 (6.9)	7,629	1,871 (8.3)	7,186	1,900 (8.3)	8,009	1,873 (8.2)	7,625	2,134 (9.1)	5,621
1. 실업대책 훈련	216	3,384	189	2,739	152	2,898	110	2,727	109	3,074
(1) 재취업 훈련	189 (20.7)	2,845	158 (18.7)	2,053	129 (18.2)	2,143	87 (11.2)	1,814	82 (10.1)	1,889
(2) 인력 개발	27	539	31	686	23	755	23	913	27	1,185
2. 재직자 향상훈련	1,239 (5.9)	1,751	1,617 (7.5)	2,170	1,675 (7.6)	2,951	1,725 (7.8)	2,554	2,003 (8.9)	2,121

출처: 〈한국고용정보원 HRD-NET 통계분석〉, 각년도(http:/www.hrd.go.kr)

* 재취업훈련 비율, 재직향상훈련 비율은 각각 15세 이상 경제활동인구수, 실업자수, 취업자수를 분모로 별도로 계산한 것이다.

직업훈련을 이용하고 있는 노동력의 비율 그리고 재취업 프로그램에 참여하고 있는 노동력의 비율을 통해 측정하고 있다. 노동자의 노동시장 지위 유지와 개선을 지원하는 적극적 노동시장 정책이 얼마나 제도화되고 실현되고 있는가를 알아보는 지표들이다.

직업을 가지고 있으면서 노동시장 변화에 능동적으로 대처하기 위해 지식과 기술을 습득하는 프로그램에 참여하는 재직자 직업훈련은 한국에서는 재직자향상훈련으로 불린다. 고용정보원이 제공하는 인적자원개발(HRD) 통계에 따르면, 재직자향상훈련을 받은 사람은 2000년(약 12.4만 명)에서 2004년(약 20만 명) 사이에 꾸준히 증가했다(지표 80). 취업자 가운데 재직자 향상 훈련을 받은 사람의 비중도 2000년에 5.9%, 2002년에 7.6%, 2004년에는 8.9%로 늘어났다. 재직자 향상 훈련에 지원되는 국가 예산은 2000년(1,751억 원)에서 2002년(2,951억 원)까지 늘어나다가 그 뒤부터는 줄었다. 2003년과 2004년에 재직자 향상훈련자의 수는 늘고 1인당 예산은 줄어든 것이다.

실업자 가운데 재취업훈련을 받는 사람의 비율은 2000년에 약 21%였다. 5명 가운데 1명 꼴이다. 그 다음부터는 계속 줄어 2004년에는 실업자 가운데 약 10%, 즉 10명 가운데 1명만 재취업 훈련을 받고 있다. 실업대책 직업훈련 가운데 하나인 인력개발 훈련을 받은 사람의 수는 같은 기간 동안 2만 3,000여 명에서 3만 1,000명 사이인데 인력개발훈련에 지원되는 예산액수가 크게 증가하고 있는 것을 볼 수 있다. 2000년에 2만 7,000명에 대해 539억 원이 지원되었지만, 2004년에는 2만 7,000명에 대해 1,185억 원의 예산이 사용된다. 재직자향상훈련이나 재취업훈련에 지원되는 예산의 증감추이와 비교해 증가세가 두드러졌다.

전체적으로 볼 때, 직업훈련을 받는 사람의 수는 계속 증가하고 있는 추세다. 2000년에는 약 151만 명, 2002년에는 190만 명, 2004년에는 약 213만 명이다. 하지만 국가의 예산지원은 2002년에서 2004년 사이에 줄어든다. 실업자를 대상으로 하는 재취업 훈련 관련 예산 지원 감소가 가장 큰 영향을 미쳤다. 그렇지만 관련 예산의 감소가 실업자수나 실업률의 감소에 기인했다고 보기는 어렵다. 2002년에 실업자수는 약 70만여 명이고, 2004년에는 약 81만여 명이기 때문이다. 구조적 실업이 증가하고 있는 추세에 대한 제도와 정책적인 대응 방식의 하나로 노동자의 노동시장 지위를 개선하는 적극적 노동시장 정책의 필요성이 커지고 있다.

노동의 노동시장 지위를 측정하는 또 다른 지표들로 일과 가족의 양립 또는 일과 삶의 균형과 관련된 지표들이 있다. 노동시간이 길면 일, 가족, 삶의 균형을 기대하기 어렵고, 보육시설이나 육아 휴직 등 일하는 어머니를 지원하는 사회적인 지원 체계가 잘 갖추어지지 않으면 기혼 여성이 좋은 일자리에 접근하는 것 자체가 어렵다.

한국 사회는 장시간 노동체제로 이름나 있다. 장시간 노동체제를 유지하면서 노동의 질은 물론이고 삶의 질이 좋아지기를 기대하기 어렵다. 이러한 문제를 풀기 위해 주 40시간 근로제도가 입법화되어 2004년 7월부터 시행에 들어갔다. 통상 주 5일 근무제라고 부르지만, 주 5일 근무제는 근무형태를 가리키고, 주 40시간 근로제도는 기준노동시간을 가리키기 때문에 양자가 같은 것은 아니다. 잔업을 하면서 주 5일 동안 70시간을 일하는 경우도 있고, 이른바 압축적 노동주(勞動週)를 실시하면 주 4일 동안 40시간을 일할 수도 있기 때문이다. 따라서 주 40시간 노동이 기준노동시간으로 제도화된 것이라고 이해하는 것이 정확하다.

주 40시간 근로제도는 2004년부터 시행되어 2008년 7월까지 20인 이상 사업장에 적용되게끔 입법화되었다. 20인 미만 사업장 및 국가지자체 기관에서의 시행은 2011년을 기한으로 대통령령으로 정하도록 하였다. 20인 미만의 영세 사업장에 종사하는 노동자에게 주 40시간 근무제도를 시행하는 과제가 남아 있다.

주 40시간 근로제도의 시행은 장시간 노동체제 문제를 푸는 데 기여하는 것이다. 하지만 이 제도를 시행한다고 한국에서 장시간 노동체제가 사라지는 것은 아니다. 주 40시간 근로제도는 법정 기준노동시간이다. 전체적으로는 평균 노동시간이 줄어들었지만, 사무직이나 생산직에서 야근, 잔업, 주말 특근 등을 통해 주당 근무시간이 다양한 방식으로 기준 노동시간을 넘어서 연장되고 있다. 일, 가족과 삶의 균형을 이루기 위해서는 기준노동시간과 함께 실근무시간이 줄어들어야 한다.

일, 가족과 삶의 불균형에서 오는 부담을 많이 지고 있는 집단 가운데 하나가 일하는 어머니들이다. 아이를 낳고 기르는 농안 노동시장에서 퇴장하는 기혼 여성의 이른바 M자형 취업 패턴이 완화되어 왔지만 그럴수록 직장일과 집안일(가사와 자녀 돌봄)의 이중부담을 안고 살아가는 여성도 늘고 있다. 하지만 다니는 직장에 보육시설이 갖추어져 있는 경우는 매우 드물다(지표 83). 2006년 현재 전체 보육시설 2만 9,000여 곳 가운데 직장

〈표 5-4〉 보육시설 및 보육아동수(전국 및 직장) (개소, 명)

	전체(A) Total		직장(B) Workshop areas	
	시설수 Day care centers	아동수 Children	시설수 Day care centers	아동수 Children
1996	12,098	403,001	117	3,596
1997	15,375	520,959	158	5,245
1998	17,605	556,957	184	5,823
1999	18,768	640,915	207	7,278
2000	19,276	686,000	204	7,807
2001	20,097	734,192	196	7,881
2002	22,147	800,991	199	8,730
2003	24,142	858,345	236	10,391
2004	26,903	930,252	243	11,787
2005	28,367	989,390	263	12,985
2006	29,233	1,040,361	298	14,538

자료: 여성가족부 보육지원과, 통계청, 「2007년도 한국의 사회지표」 〈보육시설 및 보육 아동수〉에서 구성

보육시설은 298개로 1%가 겨우 넘는 실정이다. 직장 보육시설에서 돌보는 아동은 1만 4,000여 명이다. 전국에 있는 보육시설에서 돌보는 아동 100여만 명 가운데 약 1.4%만 직장보육시설을 이용하고 있다.

공적인 보육 지원 체계 또한 개선이 절실한 상황이다(지표 83, 84). 10세 미만 자녀 양육실태에 대한 조사 결과는 이 점을 여실하게 보여준다. 10세 미만의 자녀가 있는 기혼 여성 다수가 자녀를 보육시설에 맡기는 비율은 매우 낮은 편이다. 2005년 현재 전일제로 일하는 어머니가 보육시설에 자녀를 맡기는 비율은 종일제 보육(11.7%)과 반일제 보육(5.6%)을 합쳐도 약 17%에 지나지 않는다. 시간제로 일하는 어머니의 경우 이 비율은 더욱 떨

어져 12.8%(종일제 6.1%, 반일제 6.7%)이다. 시간제로 취업한 경우 부모 자신이 직접 돌보는 비율(59.4%)이 매우 높다.

전체적으로 보면, 자녀 양육의 부담을 부모, 조부모, 가족, 친지 등 사적인 관계를 통해 해결하거나 학원 등 보육 지원 체계 바깥에서 사적으로 해결하는 경우가 압도적이다. 아이가 혼자 놀거나 아이들끼리 노는 경우도 적지 않다. 2005년 현재 10명 가운데 거의 한 명 꼴(9.2%)에 해당한다. 어머니가 전일제로 취업하면 그 비율은 17.5%에 달한다. 거의 6명 가운데 1명 꼴에 이르고 있다(보육지원체계의 국제비교와 전국의 공보육시설 현황은 〈지표 94〉 참조).

직장에 다니다가 아이를 낳을 때도 문제가 된다. 육아휴직제도는 가족 친화적인 제도 구축의 일환으로 2002년부터 본격적으로 도입되어 시행되고 있다(지표 84). 육아휴직급여의 신규수급자수가 2002년부터 매년 가파르게 증가하는 것은 이 때문이다. 매년 신규수급자수를 기준으로 2002년에서 2006년까지 신규수급자수는 약 265% 증가했다. 육아휴직급여액은 약 1,000%나 증가했다. 이 자체로는 매우 바람직한 추세라고 할 수 있다. 그렇지만 절대수로 보자면, 2006년 6월 현재 육아휴직급여 신규수급자수는 아직 1만 3,000여 명에 불과하다. 제도가 도입되었지만 제도를 이용하는 데 아직 많은 어려움이 있다는 것을 뜻한다. 제도(institution)와 관행(practice) 사이에 괴리가 큰 것이다.

4. 제도의 개방성과 제도적 지원 체계

제도와 개인들의 관계는 어떠한 상태인가?

제도는 바둑판의 규칙과 같다. 바둑판의 규칙을 어떻게 정하느냐에 따라 행마(行馬), 즉 돌이 움직일 수 있는 방식이 달라진다. 사회제도의 규칙도 마찬가지이다. 사회제도가 구성원의 다양한 삶에 어떻게 열려 있고, 삶의 조건을 개선하기 위해 어떻게 지원하느냐에 따라 구성원이 사회의 주체로 역능화하는 양상이 달라진다. 여기에서는 제도의 개방성과 지원체계를 정치체계(지표 85), 경제체계(지표 86), 조직(지표 87)의 세 차원에서 살펴본다.

근대 정치체계의 개방성은 민주주의의 문제라고 할 수 있다. 민주주의는 민(民)이 스스로 결정을 내리고, 스스로 내린 결정에 스스로 복종하는 의사결정의 시스템이다. 그렇지만 민주주의의 역사는 또한 소수의 대표자에 의한 통치와 민주 공화정(res publica, 모두의 나라) 또는 보다 일반적으로 표현해서 통치권과 홉스적인 통치권과 주소적인 국민주권 원리(모든 권력은 국민으로부터 나온다) 사이의 긴장과 갈등을 수반해 왔다.

선거제도는 주기적으로 국민의 뜻에 따라 통치자를 바꿀 수 있는 가능성을 제도화하여 통치권과 국민주권의 원리 사이의 갈등을 해결하고자 한 시도이다. 하지만 공식적인 선거나 의사결정 체계 바깥에서 다수에게 영향을 미치는 중대한 의사결정이 이루어지는 파워 엘리트에 의한 비결정의 결정(decision of non-decision making) 문제도 늘 거론되어 왔다. 정치적 의사결정 과정에의 참여가 몇 년마다 이루어지는 투표권의 행사를 중심으로 제도화되면서 참정권의 의미가 주기적인 투표에서 한 표를 행사하는 것으로 제한되는 경향도 있었다.

참정권의 의미와 제도가 이렇게 한정되면 정치적 의사결정 과정에 국민이 일상적으로 영향을 미치며 통치자의 책임을 물을 수 있는 가능성도 한정된다. 참정권의 의미를 확장하고, 다양한 제도 개선을 모색하는 흐름이 이어지고 있는 데에는 이러한 까닭이 있다. 참정권의 확장은 헌법이 천명한 주권재민과 민주 공화정이라는 직접 민주주의의 원리를 보다 충실하게 구현하려는 방향에서 모색되고 있다. 특히 간접민주주의(대의 정치)와 직접 민주주의, 제도정치와 생활정치, '큰' 민주주의와 '작은' 민주주의의 이

분법을 어떻게 뛰어넘을 것인가가 관건이다.

생활세계에 닿아 있는 지방자치체 수준에서 조례의 제정과 개정에 주민이 참여하는 주민발의제도(2000), 주민감사청구제도(2000, 지방자치법), 주권자 스스로 정책결정에 참여하는 주민투표법(2004)에 이어 주민소환제도(2007년)가 도입된 것은 이러한 점에서 의미 있는 변화이다(지표 85). 주민소환제는 지방자치의 민주성과 책임성을 제고하고 주민의 직접 참여를 증진하도록 하는 제도이다. 자치체의 주민은 선출직 지방공직자가 위법·부당한 행위를 하거나 직무상 의무에 위반하는 등을 사유로 하여 주민소환투표를 청구할 수 있다. 아직 출발점에 있고 까다로운 청구 요건 등 여러 가지 문제가 지적되고 있지만 한국에서 직접 민주주의에 가장 근접한 제도적인 실험에 속한다.

이 제도들은 지방자치체 수준에서 적용되고 있다. 전국 수준의 국민발의, 국민소환 등은 헌법에 의해 금지된 것은 아니나 초보적인 논의 수준에 머무르고 있다. 이 밖에 시민배심원제도, 공론회의, 합의회의 등 직접 민주주의 실험이 부분적으로 모색되고 있는 상태이다. 이러한 변화가 국민의 정치적 역능성을 얼마나 향상시켰는가는 간접민주주의와 직접민주주의, 제도정치와 생활정치, 큰 민주주의와 작은 민주주의의 이분법을 넘어서는 민주주의의 지속적인 민주화에 있다고 할 수 있다.

경제체계의 개방성(지표 86)은 주요한 경제적 의사결정과정에 국민이 공중(公衆)으로서 어떻게 참여하고 있고, 또 참여할 수 있는가의 문제이다. 주요한 경제적 의사결정은 여러 수준에서 이루어질 수 있다. 특히 사회의 질 지표 연구가 관심을 갖는 것은 기업이전과 투자 그리고 공장폐쇄와 같이 국민 또는 주민의 삶에 직접적으로 영향을 미치는 사안에 대해 국민 또는 주민의 뜻을 반영할 수 있는 통로가 얼마나 제도화되고 실천되느냐이다. 한 지역에서 다른 지역 또는 한 나라에서 다른 나라로의 기업 이전, 지역 또는 나라로의 투자 유입 그리고 공장 폐쇄와 같은 문제는 자본이동이

〈그림 5-2〉 국내 외국인의 직접투자 잔액의 연도별 추이(10억원, %)

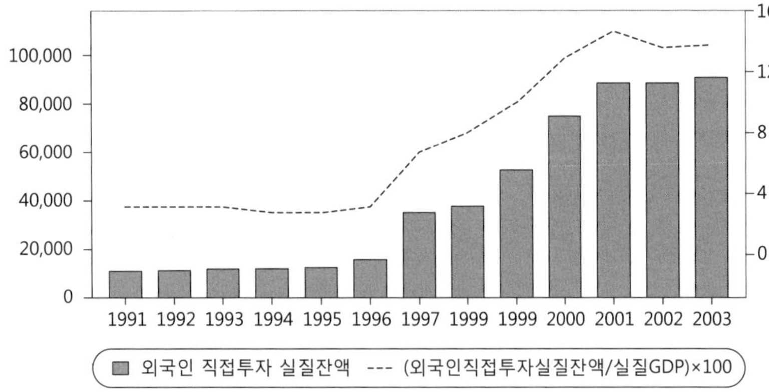

자료: 외국인직접투자-산업자원부, 총고정자본형성-한국은행 국민계정
출처: 안정화, 2007: 124

자유로워진 지구화 시대에 해당 국민과 지역 주민의 삶에 막대한 영향을 미칠 수 있다.

한국의 해외직접투자는 이미 1997-1998년 경제위기 이전부터 증가해

〈그림 5-3〉 한국의 해외직접투자 잔액의 분기별 추이(10억원, %)

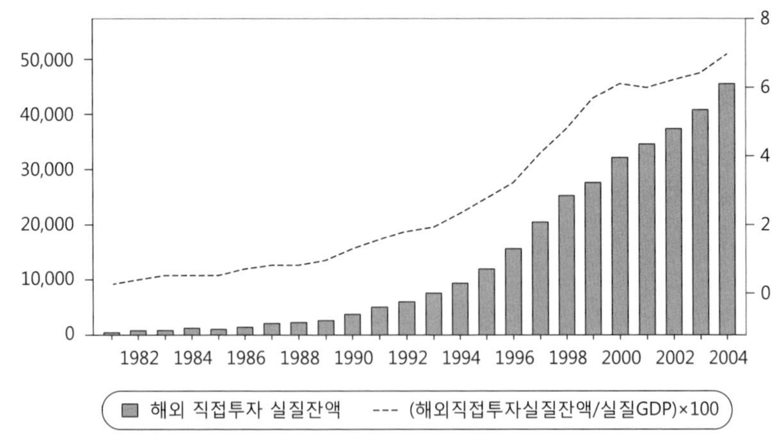

자료: 상동
출처: 안정화, 2007: 125

왔고, 한국에 대한 외국인 직접투자 규모는 1997년 이후에 급상승해 왔다. 한국의 해외직접투자는 국내 제조업 기반의 약화나 일자리 유출 논란으로 관심을 받아왔다(그림 5-3). 외국인의 국내 직접투자(그림 5-2)는 일자리 창출론 대(對) 국부 유출론 등의 대립을 야기하기도 했다. 경제의 탈규제와 개방화 추세로 인하여 외국인 회사가 투자를 일시에 철회할 경우에 규제할 수 있는 수단이 많지 않기 때문이다. 이와 관련하여 중국기업이 투자했던 평택 지역의 쌍용자동차회사 공장 폐쇄(2008년)는 지역 사회를 넘어 파장을 불러일으킨 사례이다.

사회의 질 연구는 경제적 의사결정 과정에 대한 시민의 정치적·사회적 참여(지표 86)를 중시한다. 이와 관련하여 2008년에 가장 주목을 받은 사례가 한미 간에 자유무역협정(FTA)을 체결하는 문제였다. 각종 관세 장벽의 철폐 또는 대폭 완화, 자본, 상품과 서비스의 자유로운 이동과 투자, 투자자 권리의 철저한 보호를 특징으로 하는 한미 자유무역협정 체결 문제는 두 나라의 정치, 경제적 관계가 한국사회에서 차지하는 비중만큼이나 국민적인 중대 사안이다. 기존에 다른 나라들과 체결한 자유무역협정과 비교하여 내용과 효과를 검증하는 데 필요한 정보 공개와 관련 공청회(public hearing)를 제대로 하지 못했다는 비판이 시민사회단체들로부터 제기되었다.

사회의 질 연구에서 조직의 개방성(지표 87)은 조직의 구성원이 조직의 운영에 대해 자신의 의견을 반영할 수 있는 의사결정의 통로가 마련되어 있는가를 살펴보기 위한 것이다. 유럽의 사회의 질 지표는 조직체계의 개방성과 관련하여 직장에 직장위원회(work council)가 있는지 없는지를 중시한다. 직장위원회는 유럽 노사관계와 단체교섭의 특징을 반영하는 제도라고 할 수 있다. 산업별 교섭체계에서는 기업단위 노동조합이 따로 존재하지 않는다. 직장위원회는 산별 단체협약에서 다루어지지 않은 사항들을 기업의 특성과 상황을 고려하여 추가 협의하며, 기업경영이나 노동조건

개선에 참여한다. 유럽의 직장위원회는 산별 단체교섭 보완과 노동자 참여를 위해 주로 기능하는 제도이다.

한국의 경우 산별 노동조합으로 전환한 경우일지라도 여전히 산별 노동조합의 기업 지부의 교섭 권한이 큰 과도기이다. 유럽의 직장위원회와 유사하지만 다른 조직으로 노사협의회가 있다. 노사협의회는 과거에는 온정주의적인 노사관계를 위한 기구로 기능하다가 〈근로자 참여 및 협력 증진에 관한 법률〉(1997년 제정, 1999년 일부 개정)에 의해 근로자 참여와 노사협력을 촉진하는 기구로 규정되었다. 법률에 따라 2005년 현재 50인 이상 사업장의 약 90%가 노사협의회를 두고 있다. 하지만 유럽과 다른 정치사회적 환경과 노사관계 때문에 노사협의회가 노사 공동결정이나 노동자 참여를 제도화하는 실효성 있는 기구로 기능하고 있다고 보기 어렵다.

노사협의회를 통해 근로자 참여가 어느 정도로 이루어지고 있는가를 조사한 노동부 용역 보고서(이영면 외, 2007; 지표 87)에 따르면, 근로자 참여 수준은 아주 낮은 편이다. 2005년 현재 '경영계획의 전반과 실적'을 노사협의회에서 합의한다고 대답한 기업의 비중은 조사대상의 1.9%에 지나지 않는다. '분기별 생산계획과 실적'에 대해서는 해당기업의 1.3%, '구조조정에 대한 인력계획'에 대해서는 7.9%, '기업의 재무구조'에 대해서는 1.5%가 노사협의회를 통해서 합의한다고 응답했다. 근로자 참여수준에서 아직 '의견청취'가 가장 많은 비중을 차지하고 있다. 노사협의회를 유럽의 직장위원회와 동일시할 수 없다. 하지만 노동부 용역 조사 결과는 사업장에서 근로자 참여의 수준과 실태에 대한 정보를 담고 있어 조직의 개방성 정도를 가늠할 수 있는 지표를 제공한다는 점에서 유용하다. 사업체 패널 조사에서도 조직의 개방성과 관련된 자료를 생산하고 있다.

5. 공적인 공간

공적인 공간은 어떻게 구조화되어 있는가?

한국사회는 1987년 이후 민주화 과정이 개시되면서 공적인 영역의 활동이 비약적으로 증가해 왔다. 억눌렸던 정치사회적, 문화적 욕구와 요구가 공개적으로 표출되어 왔다. 이러한 욕구와 요구를 충족하기 위한 사회적 조건을 마련하고자 하는 과정에서 급속하게 성장한 국민의 다양한 요구를 어떻게 수용할 것인가라는 문제가 대두되었다. 이 문제는 정치적·형식적 민주화를 사회적·문화적 민주화로 전환하고 심화할 것인가의 문제이다. 따라서 이러한 전환의 수준을 지표화하는 것은 매우 중요한 의미를 갖는다. 여기에서는 시민의 집합행동(지표 88, 89)과 문화적 고양(지표 90)을 위한 지원이라는 두 가지 측면에서 관련 지표를 검토한다.

한국사회는 해방 이후 다종다양한 공식 조직의 성장을 통해 공적인 공간의 변화를 경험했는데, 특히 1987년 이후 공적 공간의 구조 변화를 추동

〈그림 5-4〉 주요 활동 분야별로 본 한국 시민단체의 의사성장공선(설립년도기준)

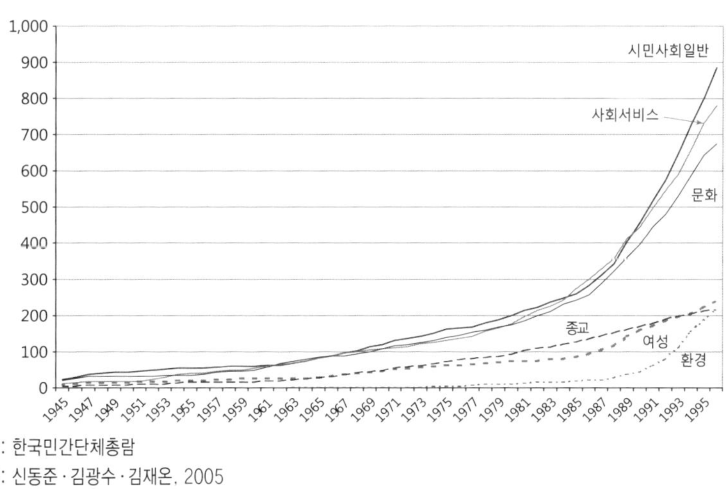

자료: 한국민간단체총람
출처: 신동준·김광수·김재온, 2005

한 가장 큰 힘 가운데 하나는 이른바 종합시민사회단체, 사회서비스 단체, 문화단체를 필두로 하는 종교, 여성, 환경단체 등 시민·사회단체(조직)의 비약적인 성장이다(지표 91).

민주화와 시민사회단체의 성장은 과거 권위주의 시절 국가와 시민사회단체가 맺었던 관계에 변화를 가져왔다. 2000년에 〈비영민간단체지원법〉은 이러한 변화를 상징적으로 드러내준다. 비영리민간단체지원법의 목적은 "비영리민간단체의 자발적인 활동을 보장하고 건전한 민간단체로의 성장을 지원함으로써 비영리민간단체의 공익활동증진과 민주사회발전에 기여함(제1조)"에 있다. 현재 시민사회단체에 대한 국가의 지원사업은 두 가지로 나뉜다. 비영리단체지원법에 근거하여 당시 행정자치부(현 행정안전부)에서 시작된 비영리단체지원사업과 지방정부의 사회단체보조금이 있다(지표 88).

먼저, 비영리단체지원사업은 1999년 150억 원 규모로 시작하여 2004년부터 100억 원으로 줄어 현재까지 이어진다. 현재 행정안전부에서 50억 원 규모의 지원 사업(2008년 현재 117개 단체 지원)을 관리하고, 16개 광역지방자치단체에서 같은 규모의 지원 사업(2008년 현재 1,033개 단체 지원)을 관리한다. 매년 프로젝트 공모로 운영한다. 다음으로 지방정부의 사회단체보조금은 규모가 훨씬 크다. 사회단체보조금은 2003년까지 한국예총, 한국소비자연맹, 새마을운동본부, 자유총연맹 등 개별 법령에 따라 정해진 과거 정액단체 보조금, 임의단체 보조금과 기타 개별단체보조금 지원으로 이루어져 왔다. 2004년 법령 개정으로 정액보조단체에 대한 편중지원을 해소하기 위해 정액보조단체별 지원 상한기준이 폐지되고 지방자치단체별 상한제도가 도입되었다. 지자체별 〈사회보조금 단체 지원심의위원회〉에서 지원대상과 금액을 결정한다. 사회단체보조금 지원 총액은 2003년도 1,157억 원에서 2004년도 1,226억 원으로 증가(5.7%)하였다. 과거 정액보조금 단체에 대한 사회단체보조금 지원은 줄어든 것으로 주장된다(예산감

시시민행동, 2006)

예산감시시민행동(2006)에 따르면, 과거 정액단체에 대한 사회단체보조금 지원이 줄어든 대신 이들 단체에 대한 민간경상보조와 민간행사보조가 늘어났다. 과거 정액단체에 대한 사회단체보조금지원이 줄면서 2006년에는 16개 광역지방자치단체의 사회보조금지원총액이 조금 감소하는 현상(지표 88, 2006년도 보고서)이 나타났다. 시민사회단체에 대한 정부예산의 지원은 한편으로는 민주화의 성과를 반영하는 새로운 정치사회적 풍경이다. 다른 한편으로 〈예산감시시민행동〉의 활동 자체가 의미하는 것처럼 예산지원을 둘러싼 갈등은 풀어야 할 것이다. 예산 지원의 공공성, 공정성과 함께 회원의 기여(회비, 봉사)에 기초한 시민사회단체 운영이 시민운동의 자발적 성격을 유지하는 데 필수적이다.

한국사회의 공적 공간은 비약적으로 성장했다. 하지만 공적 공간의 시민적 토대는 아직 구조적으로 취약하다. 시민적 토대의 취약성은 사회문제를 해결할 수 있는 사회정치적인 기제가 취약하다는 것을 뜻하기도 한다. 이러한 점은 1997년 이른바 정권의 교체, 즉 정치사회적인 세력 변동에도 불구하고 집회 및 시위 추세(1999년 1만 1,750건, 2007년 1만 1,904건)에 커다란 변화가 없었다는 데에서도 드러난다. 집회 및 시위 횟수 관련 집계를 그대로 받아들인다면, 이와 같은 추세는 1997, 1998년 이후 경제 위기 이후 사회문제의 해법을 둘러싼 사회정치적인 불안정성이 해소되지 않는 탓이라고도 볼 수 있다. 집회 및 시위 신고 건수 가운데 금지된 건수를 따로 발표하지 않기 때문에 경찰청에서 '불법·폭력 시위'로 규정한 시위 건수만을 알 수 있다. 전체 집회 및 시위 건수는 큰 변함이 없지만, 시위 문화의 변화로 경찰청이 추계한 불법시위 건수는 2004년 이후 감소하고 시위 도중 부상을 당한 사람의 수도 2007년에는 크게 줄어들었다(지표 89).

2008년 촛불시위의 와중에 시민단체 사이에서 집회 및 시위의 자유를 제한하는 〈집회 및 시위에 관한 법률〉의 규정(10, 11, 12조 및 처벌규정, 집회 및 시위의 시간과 장소를 제한하고 처벌하는 규정)을 개정할 필요가 있다는 의견이 제기되었다. 이러한 규정이 불법 시위를 양산하고 있다는 것이다. 2008년에는 경찰에서 신원확인을 위해 복면(마스크, 가면 등) 착용을 금지(성매매 여성의 마스크 착용이나 환경단체의 방독면 착용 등은 예외)하고 위반할 경우 시위중단을 명하거나 1년 이하의 징역 또는 500만 원 이하의 벌금을 부과할 수 있게 하는 등 처벌규정을 강화하는 방향으로 집시법 개정안을 국회에 제출한 바 있다. 헌법상의 기본권적 인권으로서 표현의 자유 및 이를 위한 공적인 공간의 하나로서 광장(廣場)의 정치와 〈집회 및 시위에 관한 법률〉 사이의 긴장은 현재 진행형이다. 촛불집회 고정에서 다양한 가면과 차림으로 축제적인 시위문화가 확산된 경험에 비추어도 맞지 않는다는 의견도 제시되었다. 2009년 10월 헌법재판소는 야간집회를 금지한 현행 법률에 대해 헌법불합치 판정을 내려 2010년부터 야간 옥외집회가 가능해질 예정이다.

문화의 상업화 추세 속에서 문화가 표현의 자유와 관련된 것만으로 이해되지는 않는다. 그런 점에서 문화 자체가 모두 공적인 공간을 구성하는 것은 아니다. 그럼에도 불구하고 문화는 개인적이고 집합적인 존재에게 의미 있다고 여겨지는 행위와 상상의 구조이다. 이러한 행위와 상상의 구조를 어떻게 만들어가고 사회적으로 지원하느냐에 따라서 삶과 세계를 풍요롭게 상징화하고 상상하며 표현할 수 있는 사회적 역량 자체가 달라진다.

문화적인 고양을 위한 공적인 지원의 정도(지표 90)를 측정하기란 쉽지 않다. '문화'의 정의도 문제지만, 문화 관련 예산의 통계적인 추이를 해석할 때도 정부조직의 변화, 중앙정부와 지방정부의 이원화된 문화 관련 예산 관리를 고려해야 한다. 2003년에서 2007년 사이에 문화관광부의 재정 추이에서 좁은 의미의 문화예산으로서 '문화예술부분' 예산은 연평균 3.9%씩 증가해 왔다(지표 90). 범위를 넓혀 관광부문 예산이 차지하는 비중

〈그림 5-5〉 GDP대비 정부 문화·여가예산 지출(2005, %)

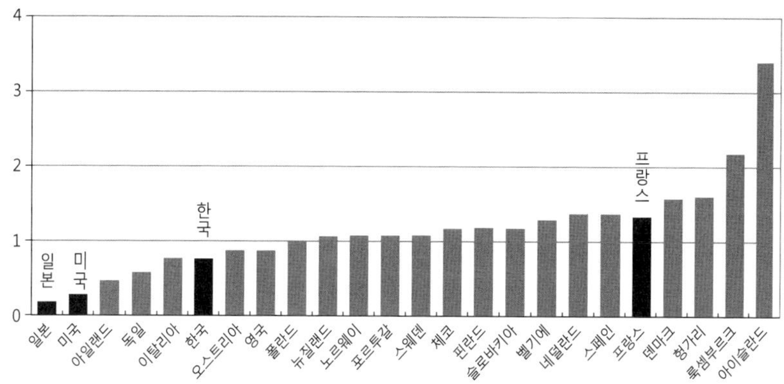

자료: OECD Factbook 2008: Economic Environmental and Social Statistics

도 적지 않은데 같은 기간 동안 연평균 증가율이 8.5%에 이른다.

중앙정부 예산대비 문화관광부의 예산 점유율은 2003년 0.98%에서 2007년 0.77%로 감소하여 연평균 −5.9%씩 줄어 부(否)의 성장을 기록해 왔다. 이러한 변화는 중앙정부의 문화예산이 지방정부로 이관된 데에 기인한 면도 있다. 지자체 전체 예산에서 문예진흥, 문화산업, 관광, 문화재 예산으로 이루어진 '문화예산이 차지하는 비중은 2003년에는 1.9% 증가를 기록했고 2007년에는 2.4% 증가를 기록했다(지표 90).

국제적으로 비교하면, 한국의 문화관련 예산이 전체 국내총생산(GDP)에서 차지하는 비중은 2005년 현재 OECD 국가 가운데 하위군에 속한다(그림 5-5). 그림에서 '리크리에이션과 문화에 대한 정부 지출'을 정의하는 예산 항목이 분명치 않기 때문에 이 점을 고려하고 비교해야 한다. 한국의 위상에 대한 이해는 '리크리에이션과 문화' 항목에 대한 정부 지출과 가계 지출을 비교할 때 더욱 뚜렷해진다. 2005년 현재 한국은 정부지출에 이어서 가계지출에서도 하위권에 속한다(그림 5-6). 반면 미국과 일본은 정부 지출에서는 한국보다 낮은 최하위지만 가계지출에서는 상위권에 속한다.

〈그림 5-6〉 GDP 대비 가계 문화·여가비 지출(2005, %)

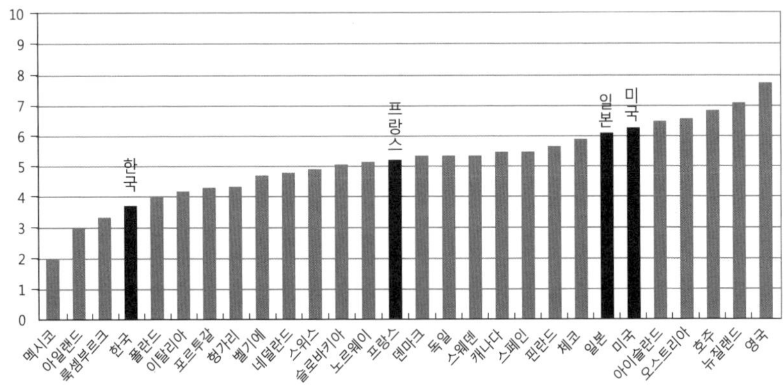

자료: OECD Factbook 2008: Economic Environmental and Social Statistics

흔히 문화 부국으로 알려진 프랑스는 정부지출에서는 최상위권이지만 가계지출은 중위권이다. 미국과 일본이 정부지출의 부족을 가계지출로 대신하는 경우라면, 프랑스는 정부지출이 가계지출의 문화비 부담을 덜어주는 모습이다.

이러한 비교 결과는 선진국들의 기구인 OECD 국가 비교라는 점에서 한국이 문화적으로 낙후한 국가라는 것을 뜻하지는 않는다. 앞서 보았듯이, 1980년대 후반 이후 문화단체의 급속한 증가는 한국사회의 공적 공간의 변화를 집약하는 지표 가운데 하나이다. 자발적인 문화단체의 활동도 증가해 왔다. 이러한 활동을 직접 지표화하기란 쉽지 않은데, e-나라지표의 '공연/전시 횟수'의 추이를 참고할 수 있을 것이다. 공연·전시 횟수는 2000년대, 특히 2004년 이후에 많이 증가했다. 1998년 약 1만 6,000건이던 것이 2004년에는 약 2만 1,000건이고 2007년에는 약 2만 3,000건에 가깝다(지표 91). 이러한 추세는 문화·예술에 대한 관심이 증가했다는 것을 뜻한다. 그렇다고 문화단체 및 공연·전시 횟수의 증가에서 사회 전체의 문화적 수준이 고양되었다고 일반화하기는 어렵다. 어떤 층에서 향수하느냐의 문제도 있고, 문화적 고양(cultural enrichment)을 어떻게 정의하느냐의 문제도 존재한다. 고급문화와 대중문화의 이분법이라는 문제가 도사리고 있기 때문이다.

「문화향수 실태조사」(문화관광정책연구원, 2006)는 현재의 추세를 가늠하는 데 유용한 지표를 제공한다. 2000년 이후 '예술행사 참여' 실태를 보면 영화나 대중가요콘서트/연예 행사 관람의 비중이 압도적으로 높을 뿐만 아니라 그 밖의 예술행사 참여는 시간이 갈수록 줄어들고 있는 것으로 나타난다. 예술행사 관람률에서 영화 관람은 2000년 40%(연평균 3.9회)에서 2006년 약 59%로 늘었다. 반면 문학행사, 미술전시회, 클래식 음악회, 연극, 무용 관람은 갈수록 줄고 있다. 고급 예술과 대중 예술의 이분법을 떠나서 문화예술 체험의 다양성이 줄고 심한 편중 현상이 나타나고 있다.

문화 관련 동호회에 참여하는 비율도 줄고 있다. 2003년에 가장 참여비율이 높았던 영화 동호회도 2003년 2.8%에서 2006년 0.6%로 줄었으며, 그 자체 비중이 높지 않았던 문학에서 연극에 이르는 다른 문화예술 동호회 참여율 또한 모두 줄어들었다. 동호회 외에 문화예술 향수 능력을 높일 수 있는 문화예술교육을 경험한 사람의 비율 또한 2000년(미술, 5.8%, 문학 2.0%)에서 2006년(미술 2.8%, 문학 1.5%) 또한 줄어들었다.

2000년대 이후 문화향수 경험에서 부정적인 추세는 한국사회의 경제적인 어려움, 중산층의 약화, 사회경제적 양극화 추세 등과 무관하지 않을 것으로 보인다. 문화향수의 부정적인 추세는 단순히 문화소비의 감소가 아니라 사회 전반의 지적, 정신적인 풍요로움(역능화)에 미치는 영향과 관련하여 검토해야 한다. 사회경제적인 전환은 생활세계의 지적, 정신적 풍요로움을 요구하는 것이다. 1930년대 경제 위기 상황에서 미국 정부가 새로운 경제정책 및 사회정책과 함께 문화·예술 부문과 문화여가를 위한 기반시설에 대한 공적인 지원 정책을 내놓으며 대중의 문화향수를 위한 공적인 공간의 확장에 기여했다는 점에도 유의해야 한다.

6. 개인의 사회적 관계망

개인의 사회적 상호작용을 지원하는 체계가 존재하는가?

공적인 영역에 진출하여 능동적인 시민으로 살아가고 싶어도 사회적으로 고립되어 그러기 어려운 개인이나 집단이 존재한다. 근대 사회에서 정치의 주체는 집합적인 행위자(정당, 세력 등)로서 시민이지만, 권리의 주체는 개인으로서 시민이다. 그런 점에서 개인이 공적인 사회적 관계 속에서 살 수 있게 지원하는 것은 개인이 능동적인 시민으로 살아갈 수 있는 조건을 마련해 주는 것이다. 여기에서는 장애인과 일하는 어머니에 대한 공적인 지원 실태와 관련된 지표를 검토하고, 끝으로 개인이 일상생활에서 사회적 관계를 활발히 맺으며 살아가는 데 필요한 공간 환경의 구성 문제를 살핀다.

먼저, 우리나라 정부가 장애인 지원과 관련하여 지출하는 예산의 비중은 1997년 이후 꾸준히 늘고 있지만, 2003년 현재 OECD 평균에는 크게 못 미친다(표 5-5). 2003년 현재 GDP 대비 장애인 관련 지출의 OECD 평균은 한국, 터키, 멕시코를 제외한 19개 국가 평균으로 2.73%이다. 가장 높은 스웨덴이 4.66%이고, 미국은 1.4%이다. 한국의 장애인 관련 지출의 비중은 매우 낮은 것이다. 나라마다 인구크기에서 장애인이 차지하는 비중을 고려해야겠지만, 장애를 가지고 태어난 신생아의 비중이 한국에서 더

〈표 5-5〉 OECD 주요국의 장애인 관련 지출

구 분	OECD 주요국						OECD 평균	한국
	스웨덴	독일	프랑스	이태리	영국	미국		
GDP 대비 %	4.66	3.08	167	1.83	1.54	1.40	2.73	0.26

* OECD 국가는 2000년 기준, 한국은 2006년 기준
* OECD 평균은 한국, 멕시코, 터키를 제외한 OECD 19개국의 평균임
* 우리나라의 지출에는 보건복지지출이 포함되나 OECD 지출에는 미포함

자료: OECD(2003), Transforming Disability into Ability, 빈부격차·차별시정위원회(2006)

〈표 5-6〉 광역자치단체별 국공립보육시설 현황(개소, %)

구 분	보육시설 전체수 (A)	국공립 시설수 (B)	국공립시설 비율 (B/A, %)
계	26,903	1,349	5.0
대 전	987	27	3.0
광 주	1,000	18	1.8
전 북	1,146	34	3.0
충 북	850	28	3.3
경 남	1,903	80	4.2
부 산	1,529	82	5.4
대 구	1,182	23	1.9
울 산	594	20	3.4
강 원	755	61	8.1
전 남	865	36	4.2
인 천	1,235	46	3.7
경 북	1,301	72	5.5
제 주	404	11	2.7
경 기	7,133	235	3.3
충 남	1,074	31	2.9
서 울	5,035	545	10.8

자료: 중앙보육정보센터 보육통계, 여성부 주최 시민사회단체간담회 자료(2005.7.26)

낮다고 가정할 근거는 없다. 적지 않은 산업재해, 세계 최고 수준의 교통사고율 등을 감안하면 후천적인 장애도 문제이다.

다음으로 일하는 어머니에 대한 사회적 지원정책 문제이다. 미취학아동을 돌보는 국공립 보육시설의 비중은 매우 낮다. 2005년 현재 전체 보육시설 2만 6,000여 개 가운데 국공립 시설은 1,349개로 전체의 5.0%에 불과하다. 국공립 시설 비중의 지역별 편차도 적지 않다. 국공립 시설의 비중이 가장 높은 서울도 10.8%에 불과하며, 강원도(8.1%)와 경상북도(5.5%)가 그 다음을 잇는다. 세 지역을 빼면 모두 평균을 밑돌고 있다. 광역자치단체 가운데 국공립 시설의 비중이 가장 낮은 곳은 광주(1.8%)와 대구(1.9%)이다.

값싸고 질 좋은 보육시설에 접근할 수 있는 권리는 일과 가족의 양립뿐만 아니라 기혼 여성의 노동권을 보장하는 데에도 필수적이다. 앞서 본대로 시간제로 일하는 어머니 가운데 스스로 자녀를 돌보는 비중이 높다. 이것은 미취학 아동 및 취학 아동에 대한 보육지원체계에 대한 접근이 쉬워지면, 기혼 여성이 양질의 일자리에 접근할 수 있는 가능성도 높아질 수 있다는 것을 뜻한다. 유급 노동과 직장생활은 생계유지의 수단을 넘어서 사회적인 관계에서 고립되지 않고 사회활동을 하고 살아가며 개인의 자아를 실현하는 주요한 통로 가운데 하나이다.

끝으로, 사회적인 건조환경(built-in environment) 또한 개인의 사회적인 행위에 영향을 미친다(지표 95). 지역주민이 서로 만나고 어울릴 수 있는 각종 공적 시설(구민회관, 노인회관, 문화예술회관, 도서관, 놀이터, 공원 등)의 확장, 사생활은 보호하되 사적 공간의 폐쇄성은 극복하는 주택 설계(대구시의 담장 허물기), 노인, 여성, 어린이, 장애인의 이동을 배려하는 공간 설계, 도로 운영 및 야간 조명 등 개개인이 배제되지 않고 사회적으로 어울리며 살아가기 위해 생활세계의 공간 환경이 어떻게 설계되어야 하는가를 물어야 할 때이다. 근린지역 및 공적 공간의 설계에서 개인이 사회적으로 고립되지 않도록 서로 상호작용하며 사회적 관계를 발전시키도록 사회적 포용성의 관점이 추구되어야 한다.

참고문헌

구인회. 2004.「한국의 빈곤, 왜 감소하지 않는가?: 1990년대 이후 빈곤 추이의 분석」. 한국사회복지학회 2004년 심포지엄 한국 사회안전망의 현황과 대책.

금재호 외. 2006.『자영업의 실태와 정책과제』. 노동연구원.

김미곤·김태완. 2004.「우리나라의 빈곤현황 및 정책과제」.『사회보장연구』20(3): 173-200.

김미곤·양시현·최현수. 2006.「한국의 빈곤동향과 정책 방향」.『보건사회연구』26(1): 2-35.

노대명. 2006.「근로빈곤층의 실태와 사회서비스부문 고용창출」. 한국보건사회연구원. 〈정책토론회: 빈곤과 불평등 실태 및 정책 대안〉. 2006.5.9.

법무부.『출입국관리통계연보』. 각년도.

빈부격차·차별시정위원회(2006).「장애인지원 종합대책(요약)」1-95쪽.

설재훈 외. 2004.『장애인/노약자의 복지교통 서비스 개선방안』. 교통개발연구원.

신동준·김광수·김재온. 2005.「시민단체의 성장에 관한 양적 연구」.『조사연구』6(2): 75-101.

안정화. 2007.「한국 노동시장 구조변화에 관한 연구: 자본 축적, 자본 이동, 해외아웃소싱의 추세와 영향」. 고려대학교 대학원 경제학과 박사학위 논문.

여유진·김미곤·김태완·양시현·최현수. 2005.『빈곤과 불평등의 동향 및 요인분해』. 한국보건사회연구원.

이영면·김영조·나인강·박상언·성상현. 2007.「노사협의회 운영실태 조사 및 개선방안 연구」. 노동부.

장혜경 외. 2007.『공식영역의 돌봄노동 실태조사』. 한국여성정책연구원.

전은경. 2005.「문해기초교육법 입법 추진 배경과 법률안」. 문해기초교육법 입법을 위한 세미나 자료집.

정경희 외. 1998, 2004.『전국 노인생활실태 및 복지욕구조사』. 한국보건사회연구원.

황수경·정진호. 2005.「최근 노동시장 동향과 2005년 전망」.『노동리뷰』1.

Beck W. Van der Maesen L. Thomese F. Walker A. 2001. *Social Quality : a Vision for Europe, The Hague*, Kluwer Law International

Hacking, S. 2005. "Social Quality in Britain." *Report for the European Foundation on Social Quality*. Amsterdam. online at http://www.socialquality.org/site/index.html.

Lawrence, S. and J. Ishikawa. 2005. "Trade union membership and collective bargaining coverage: Statistical concepts, methods and findings." *ILO Working Paper*.

OECD Factbook. 2008. Economic Environmental and Social Statistics.

기타

교육인적자원부·한국교육개발원. 『교육통계연보』. 각년도.

노동부. 「임금구조기본통계조사보고서」. 각년도.

노동부. 『노동통계연감』. 각년도.

문화관광정책연구원. 2006. 「문화향수 실태조사」.

법무부. 2007. 『출입국 외국인정책 통계연보』.

여성가족부 보육지원과. 통계청. 2007. 「한국의 사회지표」 〈보육시설 및 보육 아동수〉에서 구성.

중앙보육정보센터. 보육통계. 2005.7.26. 여성부 주최 시민사회단체간담회 자료.

중앙선거관리위원회. 『국회의원선거총람』. 각년도.

통계청. 「사회조사보고서」. 각년도.

통계청. 「경제활동인구조사」. 각년도.

통계청. 「사회통계조사보고서」. 각년도. 가구주 대상

통계청. 2007. 「한국의 사회지표」. http://www.nso.go.kr.

한국고용정보원. 「HRD-NET 통계분석」. 각년도. http:/www.hrd.go.kr.

한나라당 이한구 의원. 2009년 국정감사 자료. http://www.e219.or.kr.

Hacking. 2005. "Social Quality: The British National Report," pp.56

Labour Force Survey. 2001. http://www.dti.ul/er/emar/artic_02.pdf,

OECD. 2003. Transforming Disability into Ability.

부록

사회의 질 지표 자료집

I. 안전성(Security)

1. 항목별 가구소득 지출

도시가구 소비지출 항목별 구성비

연도	월평균 소비지출(원)	식료품	외식비	주거비	광열·수도비	가구집기 가사용품	피복신발비
1982	248,977	40.8	2.4	4.4	8.1	4.4	8
1983	271,015	39.4	2.6	5	7.8	4.7	8.1
1984	294,396	38.3	2.7	4.9	7.6	4.8	7.8
1985	317,025	37.5	2.8	5	7.5	4.7	7.6
1986	348,193	36.4	3.2	4.9	7.2	5.1	7.5
1987	400,031	35.3	4.3	4.6	6.5	5.3	7.7
1988	467,636	34.8	4.8	4.4	5.7	5.5	8.2
1989	594,287	31.9	6.2	4.4	4.6	5.7	8.3
1990	685,662	32.2	6.5	4.7	4.5	5.6	8.2
1991	818,340	31.6	6.8	4.7	4.2	5.6	8
1992	941,949	30.3	7.1	4.7	4.1	5.2	7.8
1993	1,020,953	29.5	7.8	4.5	4.3	5	7.4
1994	1,140,432	30	8.6	4.2	4	4.9	7.5
1995	1,265,890	29	9.1	3.8	4.1	4.7	7.7
1996	1,426,853	28.7	9.6	3.8	4.2	4.4	7.4
1997	1,489,541	28.7	10.4	3.6	4.6	4.3	6.6
1998	1,316,222	27.8	9.3	3.8	5.6	4	5.3
1999	1,478,876	27.9	9.9	3.7	5.2	3.8	5.4
2000	1,632,298	27.4	10.8	3.5	5.3	3.6	5.6
2001	1,762,124	26.3	10.8	3.9	5.3	4	5.6
2002	1,834,812	26.2	11	3.4	5.1	3.9	5.6
2003	1,922,851	26.5	12.1	3.4	4.9	3.8	5.6
2004	2,018,211	27	12.6	3.3	4.9	3.9	5.2
2005	2,091,855	26.4	12.2	3.4	4.9	4.1	5.3
2006	2,173,914	25.7	11.9	3.5	4.9	4.2	5.3
2007	2,348,801	25.1	11.8	3.4	4.8	4.4	5.3

출처: 「한국의 사회지표」, 2007

보건의료		교육	교양 오락비	교통통신			기타 소비지출	
	보건의료 서비스				개인교통	통신		잡비
6	3	7.2	3.7	6.6	0.2	1.6	10.8	6.9
5.9	3	7	3.8	6.5	0.2	1.8	11.8	8.1
5.5	2.9	7.4	3.6	6.6	0.4	1.9	13.5	10
5.5	2.7	7.8	3.5	6.5	0.4	1.9	14.4	10.8
5.7	2.8	7.9	3.8	6.4	0.4	2	15.1	11.5
5.5	2.5	8.2	3.9	6.7	0.7	2.1	16.2	12.4
5.5	2.5	7.6	4.1	7.1	1.3	2.1	17	13
5.4	2.4	8	4.9	8.4	3.2	1.8	18.3	14.1
5.1	2.4	8.4	4.7	8.5	3.6	1.9	18.2	14.1
5	2.4	8.5	5	8.7	3.9	1.8	18.7	14.7
5.1	2.6	9.3	5	9	4.3	1.8	19.5	15.6
4.9	2.5	9.4	5.1	10.1	5.3	1.9	19.6	15.6
4.8	2.5	9.3	5.1	11.4	6.5	1.9	18.9	14.7
4.7	2.5	10	5.3	11.3	6.3	2.1	19.4	15
4.6	2.6	10.5	5.3	11.7	6.6	2.2	19.4	15
4.5	2.7	10.9	5.2	12.6	7	2.6	19.1	14.6
4.5	2.8	11.5	4.5	14	7.4	3.4	19.1	14.6
4.5	2.9	11.1	4.9	15.2	8.1	3.9	18.4	13.9
4.3	2.7	11.2	5.2	16	8.2	4.7	17.8	13.5
4.2	2.5	11.3	4.9	16.3	7.7	5.5	18.3	13.9
4.4	2.7	11.2	4.7	16.9	8	6	18.6	14.2
4.7	2.8	11.6	4.9	17.1	7.7	6.7	17.5	13.4
4.7	2.9	11.7	4.9	17.2	7.7	6.6	17.3	13
4.9	3.1	11.8	4.9	17.3	8.1	6.4	16.9	12.6
5.1	3.3	11.8	4.8	17.5	8.6	6.2	17.2	13
5.2	3.5	12	5	17.2	8.5	6	17.5	13.4

2. 생애 사건이 가구의 빈곤 확률에 미치는 영향력

1996-2003년 중소도시기준 가구규모별 최저생계비 (단위: 원)

구분	1	2	3	4	5	6	7[1)]
1996	243,950	414,004	607,680	751,093	859,125	955,579	1,036,888
1997	265,527	446,970	642,005	798,169	911,151	1,018,323	1,113,850
1998	289,012	482,560	678,268	848,195	966,326	1,085,187	1,196,524
1999	314,574	520,984	716,579	901,357	1,024,843	1,156,441	1,285,335
2000	327,549	542,474	746,136	938,536	1,067,115	1,204,142	1,338,352
2001	341,060	564,850	776,913	977,249	1,111,132	1,253,810	1,393,557
2002	355,128	588,149	808,959	1,017,559	1,156,965	1,305,528	1,451,039
2003	369,776	612,409	842,327	1,059,531	1,204,687	1,359,378	1,510,891

주: 1) 정부에서는 7인 이상 가구의 최저생계비를 발표하지 않고 있음. 기초보장제도에서는 가구원 1인 증가마다 6인 가구와 5인 가구의 최저생계비 차액을 가산하고 있음. 여기에 제시된 금액은 최저생계비 연구에서 추정한 값을 적용하였으므로 행정적으로 적용하고 있는 수치와 차이가 있음.

3. 소득 및 자산조사 대상자중 현금과 현물 복지수급자 비중

(a) 생활보호 대상자(1995-1999년) 및 기초생활보호 수급자(2001-2006년)의 수(명)

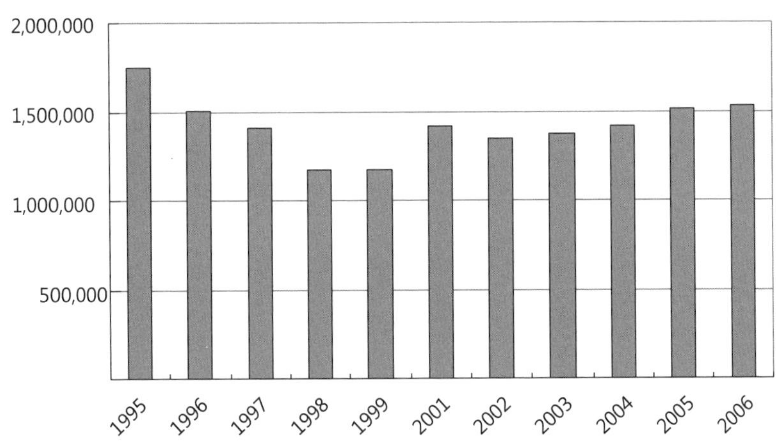

출처: 「한국의 사회지표」, 2007

(b) 국가별 각 소득원천의 비교(2000년 전후)

	국가	근로소득	사업소득	재산소득	이전소득	공적이전	사적이전	세금 및 기여금	총소득
경상소득	네덜란드	72.4	4.5	2.1	21.0	13.8	7.2	100.0	
	노르웨이	67.1	7.2	6.8	18.9	15.7	3.2	100.0	
	스웨덴	66.5	2.3	4.4	26.9	23.3	3.6	100.0	
	독일	65.3	9.5	3.7	21.4	18.1	3.3	100.0	
	캐나다	73.8	6.2	3.3	16.7	10.0	6.7	100.0	
	영국	66.4	9.6	3.8	20.3	14.2	6.1	100.0	
	미국	77.9	5.8	5.2	11.1	7.2	3.9	100.0	
	대만	63.3	19.3	7.1	10.3	3.9	6.4	100.0	
	한국	56.9	31.3	5.4	5.7	1.6	4.0	99.3	
가처분소득	네덜란드	97.5	6.1	2.9	28.3	18.6	9.6	−34.7	100.0
	노르웨이	90.5	9.7	9.2	25.5	21.2	4.3	−33.6	101.3
	스웨덴	95.2	3.3	6.2	38.5	33.4	5.1	−43.2	100.0
	독일	89.6	13.1	5.1	29.4	24.9	4.6	−37.3	100.0
	캐나다	97.9	8.2	4.3	22.1	13.3	8.9	−32.4	100.2
	영국	83.9	12.1	4.7	25.6	17.9	7.7	−26.4	99.9
	미국	100.4	7.4	6.7	14.2	9.2	5.0	−28.8	100.0
	대만	69.8	21.3	7.8	11.4	4.3	7.0	−10.3	100.0
	한국	62.1	34.8	6.0	6.3	1.8	4.5	−6.8	102.3

출처: 여유진 외, 2005: 191

4. 주택 점유형태(자가소유비중)

주택의 점유형태별 가구분포(%)

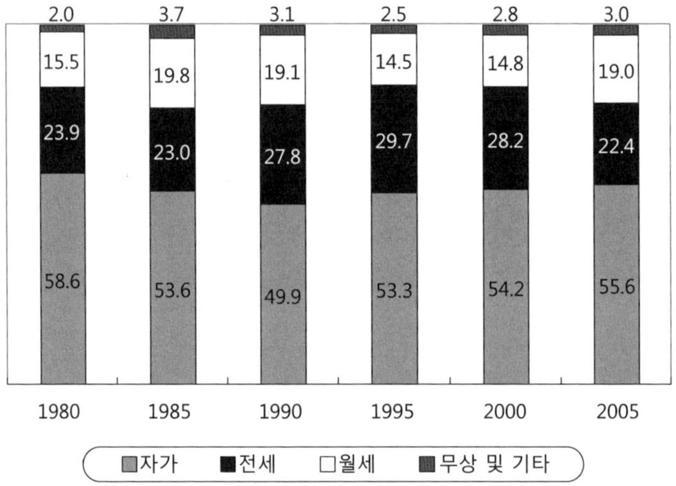

출처: 「한국의 사회지표」, 2007

5. 불안정가구, 다가족가구

인구의 거주 가구종류별 분포(%)

연도	일반가구			집단가구	
	혈연가구	비혈연가구 (5인 이하)	1인 가구	집단시설가구	비혈연가구 (6인 이상)
1980	96.6	0.9	1	1.5	
1985	95.6	1.1	1.7	1.6	
1990	95.1	1.1	2.4	1.4	
1995	93.9	1.1	3.7	1.2	
2000	93.1	0.9	4.9	0.9	0.2
2005	90.6	1.2	6.8	1.2	0.2

출처: 「한국의 사회지표」, 2007

6. 1인 기준 주거공간

주거공간

연도	건평(m^2)			방의 수(개)		방당인구수(명)
	주택당	가구당	1인당	주택당	가구당	
1980	68.4	45.8	10.1	3.3	2.2	2.1
1985	72.6	46.4	11.3	3.5	2.2	1.9
1990	80.8	51	13.8	4	2.5	1.5
1995	80.7	58.6	17.2	4.6	3.1	1.1
2000	81.7	63.1	20.2	4.8	3.4	0.9
2005	83.7	66	22.9	4.8	3.6	0.8

출처: 「한국의 사회지표」, 2007

7. 시설형태별/난방방식별 가구비율

(a) 시설형태별 가구비율(%)

연도	부 엌 시 설			목 욕 시 설			화 장 실		
	재래식	입식	없음	온수	비온수	없음	재래식	수세식	공동(없음)
2000	5.7	93.9	0.4	87.4	1.7	10.9	12.8	87	0.2
2005	1.7	97.9	0.4	95.8	0.3	3.8	5.8	94	0.2

출처: 「한국의 사회지표」, 2007

(b) 난방방식별 가구분포(%)

연도	중앙 난방	지역 난방	도시가스 보일러	기름 보일러	프로판 가스 보일러	전기 보일러	연탄 보일러	연탄 아궁이	재래식 아궁이	기타
1990	5.9	–	5.2	20	–	–	48.6	13.7	5.8	0.8
2000	8.3	6.4	37	40.3	3.4	1.6	1.5	0.3	0.8	0.4
2005	5.9	8.7	50.6	25.7	3.6	3.3	1.1	0.2	0.4	0.5

출처: 「한국의 사회지표」, 2007

8. 유형별 범죄발생건수

주요범죄 피해건수 비중(%)

주요범죄 피해건수(계)	절도	사기	강도	폭행·상해
100	59.4	25.9	6.7	7.9

출처: KOSIS, 「사회조사」, 2008

9. 환경오염도(공장인근 영향받은 면적에 대한 데이터)

환경오염에 대한 체감(%)

연도	대기오염			수질오염			쓰레기·폐기물 오염			소음공해			주위환경 훼손		
	나빠졌다	변화없다	좋아졌다	나빠졌다	변화없다	좋아졌다	나빠졌다	변화없다	좋아졌다	나빠졌다	변화없다	좋아졌다	나빠졌다	변화없다	좋아졌다
2001	52.6	45	2.3	45.4	51.4	3.1	48.5	44.4	7.1	57.3	39.5	3.2	37.1	56.4	6.5
2005	34.2	59.9	5.9	27.3	65.3	7.5	30.8	57.8	11.4	42.9	52.2	4.9	29.3	60.1	10.6

출처: 「한국의 사회지표」, 2007

10. 건강보험 적용인구, 1인당건강보험 급여비, 급여수준의 포괄성(본인부담율, 비급여의료 정도 cf. 최근 신문기사)

연평균 건강보험 적용인구(1,000명)

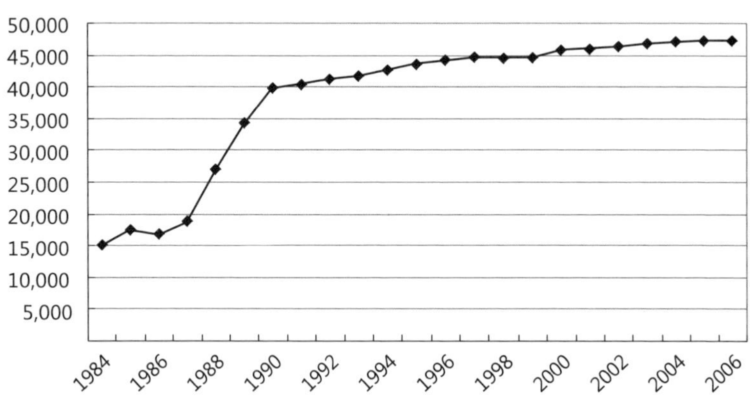

주: 지역의료보험은 1988년부터 포함됨.

자료: 「한국의 사회지표」, 2007

11. 1만 명당 의사수

총의사수와 의사 1인당 인구수(1982-2006년, 명)

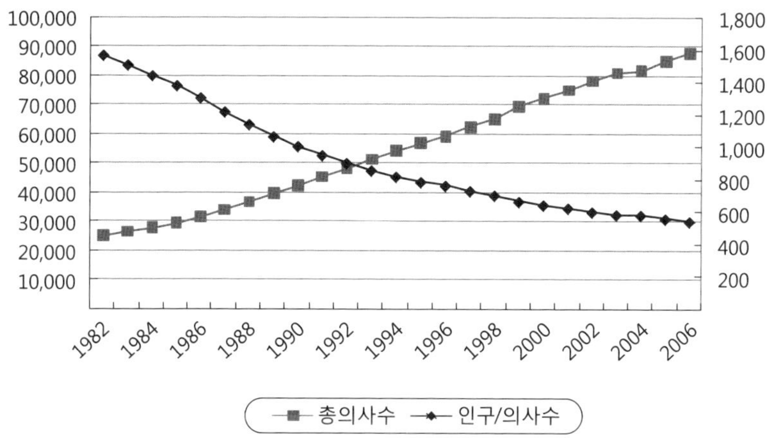

출처: 「한국의 사회지표」, 2007

12. 의료기관수

자료 없음

13. 응급상황 대처

자료 없음

14. 유급/무급 돌봄 서비스 비중

(a) 사회복지 시설 추이와 현황

연도	아동 복지			노인 복지			장애인 복지		
	시설수	평균 생활인원	평균 종사자	시설수	평균 생활인원	평균 종사자	시설수	평균 생활인원	평균 종사자
1996	271	64	11	165	55	10	177	86	21
1997	274	62	11	173	55	11	180	89	21
1998	272	66	11	200	53	11	192	87	22
1999	271	66	10	229	56	12	193	88	24
2000	269	66	12	250	56	13	196	88	25
2001	274	69	13	288	58	18	206	86	40
2002	274	68	15	299	60	19	213	84	39
2003	279	68	17	351	57	20	225	82	45
2004	275	69	17	341	59	24	237	80	36
2005	282	68	17	825	41	16	265	74	34
2006	282	67	18	1 1811)	36	15	288	72	35

출처: 「한국의 사회지표」, 2007

(b) 재가서비스기관 돌봄노동자 서비스 평균 근로시간 (단위: 시간)

구분	사례수	주당총 근로시간	신체수발 서비스	식사영양 서비스	가사지원 서비스	의료지원 서비스	심리사회 지원서비스	아동지원 서비스	기타 특별서비스
전체	2623	29	5.6	3.7	9.1	1.3	4.8	3	1.2
노인	1572	28.6	5.2	3.5	8.3	1.4	5.3	2.6	1.4
장애인	393	32.1	6.1	4.1	11.2	0.7	3.5	5.5	1.3
노인+장애인	658	28.3	6.1	3.8	9.6	1.6	4.3	2.4	0.6

출처: 장혜경 외, 2007: 180

(c) 시설서비스기관 돌봄노동자 서비스 평균 근로시간 (단위: 시간)

구분	사례수	주당총 근로시간	신체수발 서비스	식사영양 서비스	가사지원 서비스	의료지원 서비스	심리사회 지원서비스	아동지원 서비스	기타 특별서비스
전체	1,855	53.5	15.4	9.8	5.1	4	10.3	5.2	3.5
노인	993	52.8	16.8	10.2	5.4	4.4	8.7	4.7	2.6
장애인	862	54.3	13.9	9.2	4.8	3.6	12.1	5.7	4.5

출처: 장혜경 외, 2007: 219

15. 해고가 아닌 노동계약 변경전 고지기간

자료 없음

16. 해고시 사전 고지기간

자료 없음

17. 종사상 지위별 취업자

종사상 지위별 임금노동자 비중 추이(%)

종사상지위	1996	1997	1998	1999	2000	2001	2002	2003	2004	2005	2006	2007
상용근로자	56.8	54.3	53.1	48.4	47.9	49.2	48.4	50.5	51.2	52.1	52.8	54
임시근로자	29.6	31.6	32.9	33.6	34.5	34.6	34.5	34.7	34.1	33.3	33.1	32.4
일용근로자	13.6	14.1	14	18	17.6	16.2	17.2	14.8	14.7	14.6	14.2	13.6

출처: 「한국의 사회지표」, 2007; 「경제활동인구조사」, 각년도

18. 불법체류자

장단기 체류외국인 현황

구분	2002년	2003년	2004년	2005년	2006년	2007년
체류외국인 수	629.006	678.697	750.873	747.467	910.149	1,066.273
장기체류외국인 수	271.666	460.261	491.409	510.607	660.607	800.262
단기체류외국인 수	357.340	218.426	259.464	249.542	249.542	266.011

※ 장기체류외국인 수: 등록외국인수+거소신고자수

출처: 법무부, 『출입국·외국인정책 통계연보』, 2007

19. 육아휴직, 병가 등을 이유로 휴직하거나 노동시간을 줄일 수 있는 대상자 중 실제로 실행한 비율

자료 없음

20. 1만 명당 산재건수

연도별 산업재해건수 및 피해자수

연도	피해자수		재해건수	재해도수율	재해강도율	사망률(만명당)
		사망자수				
1996	71,548	2,670	70,188	3.5	2.2	3.3
1997	66,770	2,742	65,732	3.3	2.3	3.3
1998	51,514	2,212	50,561	2.8	2.3	2.9
1999	55,405	2,291	54,534	2.9	2.1	3.1
2000	68,976	2,528	67,930	2.9	1.9	2.7
2001	81,434	2,748	80,433	3.1	2.1	2.6
2002	81,911	2,605	80,755	3.2	2.1	2.5
2003	94,924	2,923	92,697	3.7	2.4	2.8
2004	88,874	2,825	87,039	3.5	2.5	2.7
2005	85,411	2,493	84,161	3.3	2.7	2.3
2006	89,910	2,453	86,425	3.3	2.7	2.1

출처: 「한국의 사회지표」, 2007

21. 주당(정규직, full timer) 노동시간

산업별, 성별 주당 노동시간(시간)

연도	광업			제조업			전기, 가스, 수도사업			건설업			전산업		
	계	남자	여자	계	남자	여자	계	남자	여자	계	남자	여자	계	남자	여자
1990	36.2	35.9	44.1	49.8	49.9	49.6	47.8	48.1	44.4	45.8	45.9	44.7	48.2	48.2	48.4
1995	43.9	43.6	46.7	49.2	49.5	48.6	48.9	49.2	45.6	45.8	45.8	45.5	47.7	47.9	47.1
2000	44.6	44.4	46.5	49.3	49.2	49.8	48.3	48.6	45.2	44.4	44.4	44.2	47.5	47.8	46.7
2001	43.8	43.5	46.9	48.3	48.3	48.4	49.1	49.4	46.4	44.4	44.4	44.2	47	47.4	46
2002	44.9	44.7	47.2	47.7	47.6	47.9	47.7	47.9	45.5	43.9	44	43.4	46.2	46.6	45.3
2003	45	45	46	47.6	47.6	47.7	47.9	48.2	45.6	43.3	43.4	42.6	45.9	46.3	44.9
2004	43.2	43	45.3	47.4	47.3	47.6	45.7	45.9	43.8	43.4	43.5	42.9	45.7	46	44.7
2005	43.7	43.8	43.3	46.9	47	46.9	42.4	42.6	41.1	42.7	42.7	42.6	45.1	45.6	44.1
2006	43.4	43.4	43.6	46	46	46.1	42	42.1	40.6	41.6	41.6	41.4	44.2	44.6	43.1

출처: 「한국의 사회지표」, 2007

22. 학업중단율(%)

학업중단율(%)

연도	중 학 교			고등학교			전문대학			대 학		
	계	남자	여자	계	남자	여자	계	남자	여자	계	남자	여자
1995	1	1	1	2.4	2.9	1.9	19.3	27.6	5.4	19.7	25.5	7.3
1996	1.1	1	1.2	2.5	2.9	2.1	20.2	29.4	5.9	20.3	25.3	10
1997	1.2	1.1	1.3	2.6	3	2.2	26.3	37.1	8.9	25	31.3	12.6
1998	0.9	0.9	1	2.1	2.2	1.9	25.3	33.9	11	27.2	32.6	17.1
1999	0.9	0.9	0.9	2.1	2.4	1.8	25.6	34.7	10.3	25.3	31	15
2000	0.7	0.7	0.7	2.3	2.7	1.9	25.1	33.3	11.2	25.3	30.7	15.6
2001	0.7	0.7	0.7	2.2	2.4	2	25.5	33.5	11.9	25.6	30.3	17.4
2002	0.5	0.5	0.5	1.9	2	1.7	24.7	32.1	12	25.2	29.7	17.3
2003	0.7	0.7	0.7	1.6	1.7	1.4	24.9	31.6	13.1	25.6	30.1	17.9
2004	0.7	0.8	0.7	1.4	1.5	1.2	25.4	31.7	14.6	26.7	31.3	18.8
2005	0.8	0.8	0.7	1.3	1.4	1.2	25.3	31.8	14.4	26.7	31.4	18.6
2006	0.9	0.9	0.9	1.6	1.8	1.4	26.6	33.8	14.9	26.9	31.4	19.2

자료: 「한국의 사회지표」, 2007

23. 가구당 교육비 지출 비중 및 액수

가구당 교육비 지출률(1,000원; %)

연도	도시가구			농가		
	연간 소비지출	연간 교육비	교육비 비율	연간 소비지출	연간 교육비	교육비 비율
1982	2,988	201	6.7	3,258	345	10.6
1983	3,252	214	6.6	4,054	445	11
1984	3,533	247	7	4,272	492	11.5
1985	3,804	280	7.4	4,691	555	11.8
1986	4,178	313	7.5	4,995	586	11.7
1987	4,800	375	7.8	5,201	586	11.3
1988	5,612	405	7.2	6,031	670	11.1
1989	7,131	546	7.7	7,065	762	10.8
1990	8,228	665	8.1	8,227	862	10.5
1991	9,820	808	8.2	9,417	975	10.4
1992	11,303	1,014	9	10,046	1 041	10.4
1993	12,251	1,111	9.1	12,203	1 244	10.2
1994	13,685	1,236	9	13,334	1 350	10.1
1995	15,191	1,484	9.8	14,782	1 553	10.5
1996	17,122	1,747	10.2	17,039	1 737	10.2
1997	17,874	1,903	10.6	17,045	1 754	10.3
1998	15,795	1,771	11.2	16,442	1 706	10.4
1999	17,747	1,922	10.8	17,123	1 653	9.7
2000	19,588	2,139	10.9	18,003	1 834	10.2
2001	21,145	2,347	11.1	18,458	1 794	9.7
2002	22,018	2,425	11	17,858	1 629	9.1
2003	23,075	2,638	11.4	18,162	8741)	4.8
2004	24,218	2,783	11.5	18,386	749	4.1
2005	25,102	2,908	11.6	19,378	756	3.9
2006	26,087	3,048	11.7	19,891	740	3.7
2007	27,235	3,269	12	–	–	–

출처: 「한국의 사회지표」, 2007

24. 졸업생 취업률(%)

졸업생 취업률(%)

연도	고등학교			전문대학			대학		
	계	남자	여자	계	남자	여자	계	남자	여자
1983	38.1	31.5	45.8	50.5	56.2	44.5	66.9	78.5	46.4
1984	42	36.8	48.1	55.1	60.1	50.9	63.5	76.8	40.6
1985	42.1	35.6	49.4	57.2	68	49.9	52.1	67.7	31.7
1986	44.3	37.8	50.6	59.7	72.1	52.3	45.7	58.7	28.1
1987	47.8	40.9	55.4	60.3	73.6	52.9	48.3	63.5	28.8
1988	51	43.2	59.4	65.3	75	60.3	50.6	63.4	31.3
1989	52.4	44.5	61.2	68.3	79.4	63.3	52.8	63.3	36.1
1990	51	42.6	60.2	71.8	78.6	68.2	55	65.1	39.7
1991	53.2	45.6	61.6	77.3	85.3	72.8	58.7	69	42.3
1992	55.5	49	62.4	75.3	82.1	71.1	58	67.8	42.7
1993	57.9	51.8	64.2	72.5	78.4	68.9	54	63	40.8
1994	62.6	56.6	68.3	68.8	74.1	65.6	56.4	65.2	44.5
1995	69.3	64.3	74.3	74.2	79.3	70.9	60.9	69.2	50
1996	72.4	68.4	76.3	78.2	82.2	75.3	63.3	71.6	52.4
1997	72.5	68.6	76.3	75.5	77.1	74.5	61.8	68.7	52.5
1998	67.2	63.3	70.9	66.3	67.8	65.4	50.5	54.1	45.8
1999	64.9	61.5	68	68.1	69.1	67.4	51.3	52.6	50
2000	66.1	62.1	69.7	79.4	81	78.2	56	58.6	53.4
2001	66.4	63	69.4	81	82.7	79.8	56.7	59	54.1
2002	66.3	62.6	69.7	80.7	82.9	79.2	60.7	62.3	59.1
2003	66.3	61	71.1	79.7	82.4	77.7	59.2	61.6	56.7
2004	60.1	56.9	63	77.2	79.1	75.6	56.4	59.3	53.5
2005	52.3	47.3	57	83.5	84.6	82.6	65	67.7	62.3
2006	46.6	40.2	52.8	83.9	84	83.8	67.1	69.8	64.4
2007	36.5	29.8	43.5	84.8	85.1	84.5	67.6	70.2	64.8

출처: 「한국의 사회지표」, 2007

II. 응집성(Cohesion)

25. 일반적인 신뢰 정도

(a) Proportion of the population who thinks that most people can be trusted(1)

WVS	남성	여성	빈도	합계
1982				
대부분의 사람들은 믿을 수 있다 (Most people can be trusted)	42.9%	33.60%	349	38%
매우 조심해야 한다(Can't be too careful)	57.1%	66.40%	569	62%
Total	436(100%)	482(100%)	918	100%
1990				
대부분의 사람들은 믿을 수 있다 (Most people can be trusted)	30,6	37,3	420	34.20%
매우 조심해야 한다(Can't be too careful)	69,4	62,7	809	65.80%
Total	578(100%)	651(100%)	1,229	100%
1996				
대부분의 사람들은 믿을 수 있다 (Most people can be trusted)	31,9	28,8	378	30.30%
매우 조심해야 한다(Can't be too careful)	68,1	71,2	869	69.70%
Total	612(100%)	635(100%)	1,247	100%
2001				
대부분의 사람들은 믿을 수 있다 (Most people can be trusted)	26,5	28,2	328	27.30%
매우 조심해야 한다(Can't be too careful)	73,5	71,8	872	72.70%
Total	604(100%)	596(100%)	1,200	100%

출처: 「세계가치조사」, 1982, 1990, 1996, 2001

※ 설문문항

일반적으로 말해서, 귀하께서는 대부분의 사람들을 믿을 수 있다고 생각하십니까, 아니면 사람들과 대할 때 매우 조심해야 한다고 생각하십니까?

(b) Proportion of the population who thinks that most people can be trusted(2)

KGSS	신뢰한다		신뢰하지 않는다		경우에 따라 다르다		합계	
2003	519	39.9%	382	29%	400	30.7%	1301	100
2005	857	53.8%	408	25.6%	327	20.5%	1592	100
2006	745	46.6%	547	34.3%	305	19%	1597	100

출처: KGSS, 2003, 2005, 2006

※ 설문문항

귀하는 대부분의 사람들을 대체로 신뢰할 수 있다고 생각하십니까, 아니면 신뢰할 수 없다고 생각하십니까?

26. 정부, 국회의원, 정당, 군대, 사법부, 언론, 노동조합, 종교집단, 시민단체 등에 관한 신뢰

(a) Trust In: Societal Institutions(1)

연도	정부	국회	정당	군대	사법제도	언론	노동조합	시민단체(The Civil Services)	경찰	종교단체
1990 (WVS)	문항없음	34.1% (423)	문항없음	79.7% (990)	66.6% (827)	66.3% (823)	66.6% (822)	60.9% (753)	53% (658)	57.6% (715)
1996 (WVS)	43.9% (547)	31.1% (387)	25% (310)	70.7% (880)	58.6% (730)	64.7% (806)	55.7% (688)	77.9% (968)	47.5% (590)	42.2% (524)
2001 (WVS)	30.3% (347)	10.8% (123)	10.8% (123)	64.3% (749)	문항없음	65.8% (779)	52.4% (589)	66.6% (765)	50.2% (589)	48.9% (560)

* 전체 응답자 중 '신뢰한다'고 응답한 비율만 표기하였음 (A great deal+Quite a lot)

* 1982년 자료는 생략함

출처: 「세계가치조사」, 1990, 1996, 2001

※ 설문문항

다음에 제시되는 조직이나 단체에 대해서, 귀하께서는 어느 정도의 신뢰를 가지고 계신지 말씀해 주십시오. 매우 신뢰하십니까, 대체로 신뢰하십니까, 별로 신뢰하지 않으십니까, 혹은 전혀 신뢰하지 않으십니까?

(b) Trust Rate: Societal Institutions(2)

연도	정부	국회	정치 정당	군대	사법 제도	매체	노동 조합	경찰	종교제도	표본 수
1996 (ISDPR)	11.4% (202)		5.3% (93)	26.8% (473)	15.5% (274)	28.8% (509)	31.9% (565)		31.7% (561)	1,768
2001 (ISPDR)	12.1% (185)	3.8% (57)	5.8% (88)	28.2% (429)	11.9% (182)	19.9% (303)	25.8% (392)		35.4% (538)	1,520
2003 (ISDPR)	6.6% (79)			30.3% (364)	11.9% (142)	20.1% (242)	22.3% (267)		28.2% (339)	1,200
2004 (ISDPR)	17.4% (175)		5.5% (55)		34.3% (346)	23.5% (237)			26.8% (270)	1,009
2007 (ISDPR)	8.1% (81)	3.2% (32)	2.9% (29)	33.8% (340)	10.1% (102)	13.3% (134)	10.5% (106)		16.5% (166)	1,005
2008 (ISDPR)	12.6% (126)	6.4% (64)		33.7% (338)	20.2% (202)		19% (190)	18.2% (182)	23.4% (234)	1,002

* 전체 응답자 중 '신뢰한다'고 응답한 비율만 표기하였음

출처: 「서울대학교 사회발전연구소 국민의식조사」, 1996, 2001, 2003, 2004, 2007, 2008

※ 설문문항

- ·1996 귀하는 아래의 기관이나 집단들을 얼마나 신뢰하고 계십니까?
- ·2001 귀하는 다음의 기관이나 제도들을 얼마나 신뢰하고 계십니까?
- ·2003 귀하는 우리나라의 아래 기관이나 사람들을 얼마나 신뢰하고 계십니까?
- ·2004 ○○님께서는 다음의 각 기관이나 집단을 얼마나 신뢰하십니까? 혹은 신뢰하지 않으십니까?
- ·2007 귀하는 다음의 각 기관 혹은 단체를 얼마나 신뢰하십니까? 혹은 신뢰하지 않습니까?
- ·2008 귀하는 다음 각 기관 또는 단체를 얼마나 신뢰하십니까? 혹은 신뢰하지 않으십니까?

27. 유럽연방재판소로 넘어가는 사건의 비율

자료 없음

28. 가족, 친구, 여가, 정치, 부모, 자녀의 중요도

(a) Importance of Family

Family				
	빈도	합계	남성	여성
1990				
매우 중요하다 (Very important)	1,160	92.9%	93.7%	92.3%
상당히 중요하다 (Rather important)	77	6.2%	5.5%	6.8%
별로 중요하지 않다 (Not very important)	9	0.7%	0.9%	0.6%
전혀 중요하지 않다 (Not at all important)	2	0.2%	0.0%	0.3%
합계	1,248	100.0%	584 (100%)	664(100%)
1996				
매우 중요하다 (Very important)	1,125	90.4%	87.8%	92.9%
상당히 중요하다 (Rather important)	114	9.2%	11.5%	6.9%
별로 중요하지 않다 (Not very important)	5	0.4%	0.7%	0.2%
합계	1,244	100.0%	609 (100%)	635(100%)
2001				
매우 중요하다 (Very important)	1,075	89.6%	89.6%	89.6%
상당히 중요하다 (Rather important)	120	10.0%	9.9%	10.1%
별로 중요하지 않다 (Not very important)	5	0.4%	0.5%	0.3%
합계	1,200	100.0%	604(100%)	596(100%)

출처: 「세계가치조사」, 각년도

※ 설문문항

다음에 제시되는 것들이 귀하의 인생에서 얼마나 중요한지 답해 주십시오.

(b) Importance of Friends

Friends				
	빈도	합계	남성	여성
1990				
매우 중요하다 (Very important)	642	51.7%	47.2%	55.8%
상당히 중요하다 (Rather important)	517	41.7%	44.1%	39.5%
별로 중요하지 않다 (Not very important)	79	6.4%	8.2%	4.7%
전혀 중요하지 않다 (Not at all important)	3	0.2%	0.5%	0.0%
합계	1,241	100.0%	583(100%)	658(100%)
1996				
매우 중요하다 (Very important)	565	45.6%	49.8%	41.6%
상당히 중요하다 (Rather important)	632	51.0%	47.3%	54.6%
별로 중요하지 않다 (Not very important)	38	3.1%	2.8%	3.3%
전혀 중요하지 않다 (Not at all important)	4	0.3%	0.2%	0.5%
합계	1,239	100.0%	607(100%)	632(100%)
2001				
매우 중요하다 (Very important)	537	44.8%	46.3%	43.4%
상당히 중요하다 (Rather important)	608	50.8%	49.3%	52.3%
별로 중요하지 않다 (Not very important)	49	4.1%	4.1%	4.0%
전혀 중요하지 않다 (Not at all important)	4	0.3%	0.3%	0.3%
합계	1,198	100.0%	603(100%)	595(100%)

출처: 「세계가치조사」, 각년도

※ 설문문항

다음에 제시되는 것들이 귀하의 인생에서 얼마나 중요한지 답해 주십시오.

(c) Importance of Leisure

Leisure				
	빈도	합계	남성	여성
1990				
매우 중요하다 (Very important)	313	25.2%	23.9%	26.4%
상당히 중요하다 (Rather important)	675	54.4%	54.5%	54.3%
별로 중요하지 않다 (Not very important)	230	18.5%	19.8%	17.5%
전혀 중요하지 않다 (Not at all important)	23	1.9%	1.9%	1.8%
합계	1,241	100.0%	582(100%)	659(100%)
1996				
매우 중요하다 (Very important)	284	22.9%	25.7%	20.2%
상당히 중요하다 (Rather important)	784	63.3%	61.7%	64.8%
별로 중요하지 않다 (Not very important)	155	12.5%	11.4%	13.6%
전혀 중요하지 않다 (Not at all important)	16	1.3%	1.2%	1.45
합계	1,239	100.0%	606(100%)	633(100%)
2001				
매우 중요하다 (Very important)	286	23.8%	23.3%	24.3%
상당히 중요하다 (Rather important)	731	60.9%	59.6%	62.2%
별로 중요하지 않다 (Not very important)	162	13.5%	14.6%	12.4%
전혀 중요하지 않다 (Not at all important)	21	1.8%	2.5%	1.0%
합계	1,200	100.0%	604(100%)	596(100%)

출처: 「세계가치조사」, 각년도

※ 설문문항

다음에 제시되는 것들이 귀하의 인생에서 얼마나 중요한지 답해 주십시오.

(d) Importance of Politics

Politics				
	빈도	합계	남성	여성
1990				
매우 중요하다 (Very important)	383	30.9%	27.6%	33.7%
상당히 중요하다 (Rather important)	500	40.3%	43.9%	37.2%
별로 중요하지 않다 (Not very important)	312	25.2%	25.9%	24.5%
전혀 중요하지 않다 (Not at all important)	45	3.6%	2.6%	4.5%
합계	1,240	100.0%	579(100%)	661(100%)
1996				
매우 중요하다 (Very important)	240	19.4%	20.7%	18.3%
상당히 중요하다 (Rather important)	570	46.2%	46.1%	46.3%
별로 중요하지 않다 (Not very important)	352	28.5%	26.8%	30.2%
전혀 중요하지 않다 (Not at all important)	72	5.8%	6.4%	5.2%
합계	1,234	100.0%	605(100%)	629(100%)
2001				
매우 중요하다 (Very important)	180	15.0%	15.8%	14.3%
상당히 중요하다 (Rather important)	436	36.4%	36.0%	36.7%
별로 중요하지 않다 (Not very important)	465	38.8%	36.5%	41.1%
전혀 중요하지 않다 (Not at all important)	118	9.8%	11.8%	7.9%
합계	1,199	100.0%	603(100%)	596(100%)

출처: 「세계가치조사」, 각년도

※ 설문문항

다음에 제시되는 것들이 귀하의 인생에서 얼마나 중요한지 답해 주십시오.

(e) Importance of respecting parents

Respecting Parents				
	빈도	합계	남성	여성
1982				
언제나 공경해야 한다(Always)	813	90.1%	88.3%	91.8%
행동과 태도에 상응하는 공경(Earned)	89	9.9%	11.7%	8.2%
합계	902	100.0%	429(100%)	473(100%)
1990				
언제나 공경해야 한다(Always)	1,156	93.5%	94.1%	93.0%
행동과 태도에 상응하는 공경(Earned)	80	6.5%	5.9%	7.0%
합계	1,236	100.0%	577(100%)	659(100%)
1996				
언제나 공경해야 한다(Always)	1169	93.8%	94.1%	93.6%
행동과 태도에 상응하는 공경(Earned)	77	6.2%	5.9%	6.4%
합계	1,246	100.0%	609(100%)	637(100%)
2001				
언제나 공경해야 한다(Always)	1,107	92.2%	92.7%	91.8%
행동과 태도에 상응하는 공경(Earned)	93	7.8%	7.3%	8.2%
합계	1,200	100.0%	604(100%)	596(100%)

출처: 「세계가치조사」, 각년도

※ 설문문항

귀하께서는 다음의 두 진술 가운데 어느 쪽에 동의하십니까?

(f) Importance of Parent's duty to children

Parents' duty to children				
	빈도	합계	남성	여성
1982				
자녀에게 최선을 다한다(Do their best for their children)	579	66.9%	64.4%	69.1%
부모도 자신만의 인생을 산다 (Parents have a life)	286	33.1%	35.6%	30.9%
합계	865	100.0%	402(100%)	463(100%)
1990				
자녀에게 최선을 다한다(Do their best for their children)	476	38.3%	35.6%	40.7%
부모도 자신만의 인생을 산다 (Parents have a life)	545	43.8%	46.1%	41.9%
둘 다 아니다(Neither)	222	17.9%	18.3%	17.5%
합계	1243	100.0%	584(100%)	659(100%)
1996				
자녀에게 최선을 다한다(Do their best for their children)	617	49.5%	51.1%	48.0%
부모도 자신만의 인생을 산다 (Parents have a life)	630	50.5%	48.9%	52.0%
합계	1247	100.0%	611(100%)	636(100%)
2001				
자녀에게 최선을 다한다(Do their best for their children)	609	80.7%	54.5%	47.0%
부모도 자신만의 인생을 산다 (Parents have a life)	591	49.2%	45.5%	53.0%
합계	1200	100.0%	604(100%)	596(100%)

출처: 「세계가치조사」, 각년도

※ 설문문항

다음의 두 진술 중 부모의 책임에 대한 귀하의 견해를 가장 잘 드러내고 있는 것은 무엇입니까?

29. 요일 평균 자원봉사 시간

Volunteer work among aged over 20 (Hours per day)

요일평균 자원봉사 시간(『생활시간조사(통계청)』) (단위: 시간)				
2004				
연령	20세~65세 미만		65세 이상	
자원봉사시간	총계		총계	
	2.04		2.02	
	남	여	남	여
	2.4	1.51	2.33	1.32

출처: 통계청, 「생활시간조사」, 2004

30. 헌혈

Blood Donnation(%)

등록헌혈회원수(The Republic of Korea National RedCross) (단위: 명)			
	합계	남	여
2007.11	77,845	55,477	22,368
2006	76,854	55,477	22,368
2005	43,252	33,431	9,821
2004	33,872	26,013	7,859
2003	30,378	22,370	8,008
2002*	89,381	63,958	25,423

* 2002년 등록헌혈자수는 2002년 이전까지의 등록헌혈자를 모두 합산한 것임

출처: KOSIS, Blood Service Statistics, 2005-2008

통계표명: 헌혈인구 및 개인헌혈비율

(단위: 천명, %)

		1994	1995	1996	1997	1998	1999	2000	2001	2002	2003	2004	2005	2006	2007
총인구		44,642	45,093	45,525	45,954	46,287	46,617	47,008	47,343	47,640	47,925	48,199	48,294	48,697	48,456
연헌혈인구	계	1,675	2,047	2,183	2,365	2,529	2,508	2,472	2,527	2,522	2,535	2,325	2,274	2,302	2,087
	- 헌혈율	3.8	4.5	4.8	5.1	5.5	5.4	5.3	5.3	5.3	5.3	4.8	4.7	4.7	4.3
	단체헌혈	1,257	1,446	1,473	1,511	1,427	1,305	1,327	1,439	1,485	1,472	1,298	1,209	1,061	899
	- 단체비중	75	70.6	67.5	63.9	56.4	52	53.7	56.9	58.9	58.1	55.8	53.2	46.1	43.1
	개인헌혈	418	601	710	854	1,102	1,203	1,145	1,087	1,037	1,063	1,027	1,064	1,241	1,188
	- 개인비중	25	29.4	32.5	36.1	43.6	48	46.3	43	41.1	41.9	44.2	46.8	53.9	56.9

출처: 대한적십자사, 『혈액사업통계연보』

헌혈인구 및 헌혈률 추이

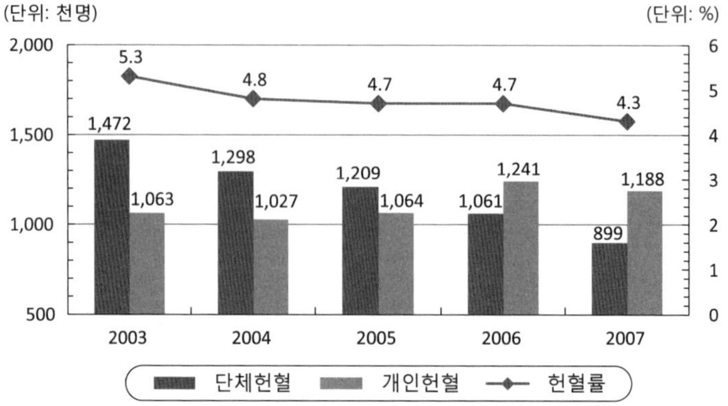

출처: 대한적십자사, E-나라지표, 『혈액사업통계연보』

통계표

(단위: 천명, %)

구분		1994	1995	1996	1997	1998	1999	2000	2001	2002	2003	2004	2005	2006	2007
총인구		44,642	45,093	45,525	45,954	46,287	46,617	47,008	47,343	47,640	47,925	48,199	48,294	48,697	48,456
연 헌혈인구		1,675	2,047	2,183	2,365	2,529	2,508	2,472	2,527	2,522	2,535	2,325	2,274	2,302	2,087
헌혈율		3.8	4.5	4.8	5.1	5.5	5.4	5.3	5.3	5.3	5.3	4.8	4.7	4.7	4.3
구성	단체헌혈	1,257	1,446	1,473	1,511	1,427	1,305	1,327	1,439	1,485	1,472	1,298	1,209	1,061	899
	점유율(%)	75	70.6	67.5	63.9	56.4	52	53.7	56.9	58.9	58.1	55.8	53.2	46.1	43.1
	개인헌혈	418	601	710	854	1,102	1,203	1,145	1,087	1,037	1,063	1,027	1,064	1,241	1,188
	점유율(%)	25.0	29.4	32.5	36.1	43.6	48.0	46.3	43.0	41.1	41.9	44.2	46.8	53.9	56.9

도식적 통계

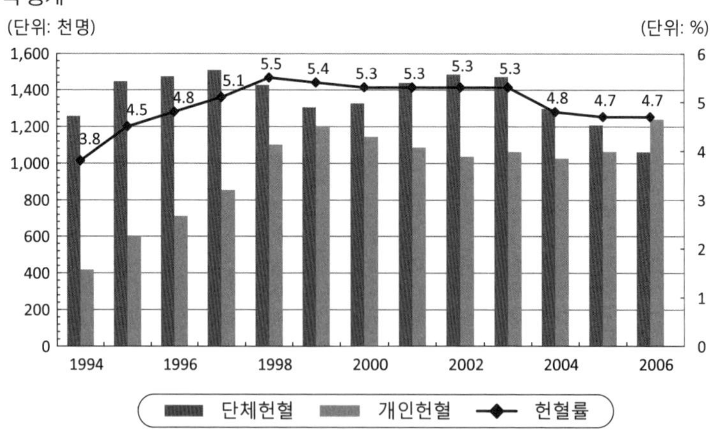

출처: 보건복지가족부 국가복지정보포털, 헌혈인구통계

31. 이민, 다원주의, 다문화주의에 대한 태도

이웃으로 삼고 싶지 않은 사람(WVS)

① 이민자/외국인 노동자

	빈도	합계	남성	여성
1982				
괜찮다	934	96.3%	97.4%	95.3%
안된다	36	3.7%	2.6%	4.7%
합계	970	100.0%	100%(460)	100%(510)
1990				
괜찮다	583	46.6%	48.8%	44.7%
안된다	668	53.4%	51.2%	55.3%
합계	1,251	100.0%	100%(586)	100%(665)
1996				
괜찮다	768	61.5%	57.7%	65.1%
안된다	481	38.5%	42.3%	34.9%
합계	1,249	100.0%	100%(612)	100%(637)
2001				
괜찮다	638	53.2%	54.1%	52.2%
안된다	562	46.8%	45.9%	47.8%
합계	1,200	100.0%	100%(604)	100%(596)

출처: 「세계가치조사」, 각년도

※ 설문문항

다음의 목록에는 다양한 집단의 사람들이 있습니다. 이들 중 귀하께서 이웃으로 삼고 싶지 않은 사람을 골라 주십시오.

② 타인종 사람

	빈도	합계	남성	여성
1982				
괜찮다	831	85.7%	89.1%	82.5%
안된다	139	14.3%	10.9%	17.5%
합계	970	100.0%	460(100%)	510(100%)
1990				
괜찮다	527	42.1%	41.8%	42.4%
안된다	724	57.9%	58.2%	57.6%
합계	1,251	100.0%	586(100%)	665(100%)
2001				
괜찮다	784	65.3%	64.9%	65.8%
안된다	416	34.7%	35.1%	34.2%
합계	1,200	100.0%	604(100%)	596(100%)

출처: 「세계가치조사」, 각년도

※ 설문문항

다음의 목록에는 다양한 집단의 사람들이 있습니다. 이들 중 귀하께서 이웃으로 삼고 싶지 않은 사람을 골라 주십시오.

③ 동성애자

	빈도	합계	남성	여성
1990				
괜찮다	1199	95.8%	94.0%	97.4%
안된다	52	4.2%	6.0%	2.6%
합계	1,251	100.0%	586(100%)	665(100%)
2001				
괜찮다	211	17.6%	14.2%	21.0%
안된다	989	82.4%	85.8%	79.0%
합계	1,200	100.0%	604(100%)	596(100%)

※ 설문문항

다음의 목록에는 다양한 집단의 사람들이 있습니다. 이들 중 귀하께서 이웃으로 삼고 싶지 않은 사람을 골라 주십시오.

④ 사회개방성 및 소수자 관련 견해 동의 정도(ISDPR)

	1996		2007	
	빈도	퍼센트	빈도	퍼센트
동의	982	55.8%	442	44.0%
보통	430	24.4%	285	28.4%
비동의	349	19.8%	278	27.7%
합계	1,761	100.0%	1,005	100.0%
외국인 노동자가 연수기간이 끝난 후, 원한다면 한국에 살도록 해야 한다(사발연 1996, 2006)				
	빈도	퍼센트	빈도	퍼센트
동의	748	42.4%	458	45.5%
보통	610	34.6%	353	35.0%
비동의	405	23.0%	194	19.5%
합계	1,763	100.0%	1,005	100.0%

출처: 서울대학교 사회발전연구소, 「국민의식조사」, 각년도

※ 설문문항

- 귀하께서는 다음 각 항목들에 대해 얼마나 동의 혹은 동의하지 않습니까?
- 자녀가 사랑한다면 다른 나라 사람하고 결혼해도 괜찮다.
- 외국인 노동자가 연수기간이 끝난 후, 원한다면 한국에 살도록 해야 한다.

32. 타인의 삶의 방식에 관한 관용도

	1982	1990	1996	2001
정부에 대한 과도한 지원 요구 (claiming government benefit)	2.11	2.2		
무임승차(avoiding a fare on public transport)	2.08	2.77	2.64	2.75
탈세(cheating on taxes)	1.56	1.55	1.79	1.59
뇌물수수(someone accepting a bribe)	2.09	1.81	1.51	1.42
동성애(homosexuality)	2.16	1.56	2.13	2.77
성매매(prostitution)	2.05	2.18	2.29	2.2
낙태(abortion)	4.14	4.25	3.37	3.37
이혼(divorce)	4.03	4.28	4.13	4.58
안락사(euthanasia)	4.73		4.3	4.56
자살(suicide)	3.25	2.9	2.83	2.77
차량탈취(joyriding)		1.91		
중독성 없는 환각제 복용(taking soft drugs)		1.36		
거짓말(lying)		2.6		
간통(adultery)		2.52		
쓰레기 무단 투기(throwing away litter)		1.7		
음주운전(driving under influence of alcohol)		1.82		
정치적 암살(political assassination)		2.54		
장물매매(buy stolen goods)	1.69	1.46	1.81	

* 10에 가까울수록 긍정적 태도
출처: 「세계가치조사」, 각년도

※ 설문문항

다음의 각 진술에 대해서 그것이 항상 정당화될 수 있는지, 절대 정당화될 수 없는지, 혹은 이 둘의 사이인지 말씀해 주십시오.

33. 가난에 대한 귀인: 개인적 요인과 구조적 요인

(a) Surveys on changes in Social Structure and Employment in Korea

2003					
	동의		반대		응답자수
	빈도	퍼센트	빈도	퍼센트	
빈곤은 개인의 책임이다	875	42.6%	982	54.0%	1,820

출처: 신광영, 「사회구조의 변화와 일자리에 대한 조사」, 2003

※ 설문문항

귀하는 다음 의견에 대해 어떻게 생각하세요?

(b) 60th Anniversary of Korean Independence Survey

2004					
	능력이나 노력의 부족		정치·사회제도의 문제		응답자수
	빈도	퍼센트	빈도	퍼센트	
가난에 대한 귀인	566	56.1%	443	43.9%	1,009

출처: 서울대학교 사회발전연구소, 「광복 60주년 기념 국민의식조사」, 2004

※ 설문문항

○○님께서는 다음의 두 의견 중 어느 쪽 의견에 동의하십니까? 만일 의견이 확실하지 않다면, 조금이라도 더 가까운 쪽을 말씀해 주십시오

34. 사회복지를 위한 세금 증액

(a) 사회복지를 위한 세금 증액

2003					
	동의		반대		응답자수
	빈도	퍼센트	빈도	퍼센트	
Surveys on changes in Social Structure and Employment in Korea	570	31.3%	1,119	64.8%	1,820

출처: 신광영, 「사회구조의 변화와 일자리에 대한 조사」, 2003

※ 설문문항

귀하는 다음 의견에 대해 어떻게 생각하세요?

(b) 소득이 더욱 공평해져야 할 필요성(ISDPR)

2007				
	빈도	퍼센트	남성	여성
동의	650	64.7%	63.2	66.1
보통	247	24.6%	25.7	23.6
비동의	108	10.7%	11.1	10.3
합계	1005	100.0%		

출처: 서울대학교 사회발전연구소, 「외환위기 10년 국민의식조사」, 2007

※ 설문문항

귀하께서는 다음 각 항목들에 대해 얼마나 동의 혹은 동의하지 않습니까?

(c) 노인연금 증액을 위한 세금인상(KGSS)

2006		
	빈도	퍼센트
찬성	1204	77.5%
현상유지	280	18.0%
반대	69	4.4%
합계	1,553	100.0%

출처: KGSS, 2006

※ 설문문항

다음은 여러 가지 정부지출 분야들입니다. 각 분야에 대해 정부가 지출을 얼마나 늘려야 혹은 줄여야 한다고 생각하십니까? 만약 귀하가 "훨씬 더 늘려야"라고 말한다면, 그것은 세금인상이 필요할 수 있다는 점을 염두에 두십시오.

36. 소속된 커뮤니티 내에서 실용적 행동을 돕고자 하는 의지

자료 없음

37. 가사분담

2006			
	부인이 주도	공평하게 분담	남편이 주도
남편	89.5%	7.5%	2.9%
부인	89.7%	7.9%	2.3%
2008			
	부인이 주도	공평하게 분담	남편이 주도
남편	89.4%	8.7%	1.9%
부인	89.5%	9%	1.5%

출처: 통계청, 「사회조사보고서」, 각년도

※ 설문문항

귀댁에서는 평소 가사분담을 어떻게 하고 계십니까?

38. 자발적인 사회참여(정치단체, 자선단체, 자원봉사, 스포츠)

(a) 자발적인 사회참여(WVS)

1990								
	church or religious organisations (교회 및 종교단체)		sports/recreation (체육/레크리에이션)		art,music, education (미술, 음악, 교육)		labour unions (노동조합)	
	빈도	퍼센트	빈도	퍼센트	빈도	퍼센트	빈도	퍼센트
비참여	1,158	92.6%	1,214	97.0%	1,213	97.0%	1,234	98.6%
참여	93	7.4%	37	3.0%	38	3.0%	17	1.4%
합계	1,251	100%	1,251	100%	12,51	100%	1,251	100%
2001								
	church or religious organisations (교회 및 종교단체)		sports/recreation (체육/레크리에이션)		art,music, education (미술, 음악, 교육)		labour unions (노동조합)	
	빈도	퍼센트	빈도	퍼센트	빈도	퍼센트	빈도	퍼센트
비참여	877	73.1%	1,058	88.2%	1,098	91.5%	1,171	97.6%
참여	323	26.9%	142	11.8%	102	8.5%	29	2.4%
합계	1,200	100%	1,200	100%	1,200	100%	1,200	100%

(b) 사회참여(『사회통계조사보고서(통계청)』) (단위: %)

2006								
	친목 및 사교	종교	취미/ 스포츠/ 레저	시민사회	학술	이익	정치	기타
참여율	64	15	12.2	5.5	1.6	1.3	0.3	0.1

* 복수응답 가능 항목이었으나, 주된 응답만을 표시한 것.

출처: 통계청, 「사회통계조사보고서」, 2006

political party (정당)		human rights (인권)		professional association (전문직종 연합)		health related organization (건강 관련 단체)		peace movement (평화 운동)	
빈도	퍼센트	빈도	퍼센트	빈도	퍼센트	빈도	퍼센트	빈도	퍼센트
1,221	97.6%	1,229	98.2%	1,225	97.9%	1,213	97.0%	1,225	97.9%
30	2.4%	22	1.8%	26	2.1%	38	3.0%	26	2.1%
1,251	100%	1,251	100%	1,251	100%	1,251	100%	1,251	100%

political party (정당)		human rights (인권)		professional association (전문직종 연합)		health related organization (건강 관련 단체)		peace movement (평화 운동)	
빈도	퍼센트	빈도	퍼센트	빈도	퍼센트	빈도	퍼센트	빈도	퍼센트
1,174	97.8%	1,184	98.7%	1,151	95.9%	문항 없음	문항 없음	1,178	98.2%
26	2.2%	16	1.3%	49	4.1%	문항 없음	문항 없음	22	1.8%
1,200	100%	1,200	100%	1,200	100%	문항 없음	문항 없음	1,200	100%

(c) 사회참여(ISDPR)

2007	동창회		계모임		취미/스포츠/레저		지역 사회 단체		종친회		향우회		사회 봉사 단체		시민 단체		정당 등 정치 단체		이익 단체	
	빈도	퍼센트	빈도	퍼센트	빈도	퍼센트	빈도	퍼센트	빈도	퍼센트	빈도	퍼센트	빈도	퍼센트	빈도	퍼센트	빈도	퍼센트	빈도	퍼센트
참여율	481	47.9	434	43.2	242	24.0	238	23.6	91	9.0	83	8.3	65	6.4	21	2.0	17	1.7	16	1.6

* 중복응답. 표본 크기=1005

출처: 서울대학교 사회발전연구소, 「외환위기 10년 국민의식조사」, 2007

※ 설문문항

귀하가 현재 활동하고 계신 단체는 무엇입니까? 활동하고 계신 단체를 모두 표시하여 주십시오.

(d) 사회참여 (『2008 한국의 사회지표(통계청)』)

	친목 및 사교	종교	취미/스포츠/레저	시민사회	학술	이익	정치	기타
1999(비참여율: 76.9)								
참여율	63.2	21.6	21.2	9.7	1.8	2.6	1.3	0.8
2003(비참여율: 55.2)								
참여율	82.5	20.2	28.6	9.9	4.4	3.5	0.8	0.5
2006(비참여율: 61.2)								
참여율	78.7	21.7	27.9	10.8	3.8	3.4	1.1	0.4

* 복수응답

출처: 통계청, 「한국의 사회지표」, 2008

39. 가족, 이웃, 친구로부터의 지원

ISDPR

2007			
국민전체 부채비율			
	있다	없다	표본 크기
전체	47.7% (빈도수: 479)	52.3% (빈도 수: 526)	1005
부채대출기관			표본 크기
제1금융		71.6% (빈도 수: 343)	479
제2, 3금융		14.2% (빈도 수: 68)	479
가족		4% (빈도 수: 19)	479
친척		3.8% (빈도 수: 18)	479
정부지원대출		3.3% (빈도 수: 16)	479
이웃/동료		2.5% (빈도 수: 12)	479
기타		0.2% (빈도 수: 1)	479

출처: 서울대학교 사회발전연구소, 「외환위기 10년 국민의식조사」, 2007

※ 설문문항

· 귀하 댁에는 부채(빚)가 있으십니까?

· 부채는 주로 어디를 통해서 빌리셨습니까?

40. 가까운 친구, 동료와의 연락빈도

2001		
	빈도	퍼센트
거의 매일	211	21.1%
일주일에 한 번 이상	542	54.2%
한달에 한 번	202	20.2%
기타	45	4.5%
합계	1,000	100%

출처: 박길성,「한국인의 삶의 질 조사」, 고려대학교 아세아문제연구소, 2001

※ 설문문항

가까운 친구분들과 얼마나 자주 연락을 하십니까?

41. 국가자긍심

KGSS

2004		
	빈도	퍼센트
자랑스럽다	947	72.5%
자랑스럽지 않다	359	27.5%
합계	1,306	100.0%
2006		
자랑스럽다	1,331	83.6%
자랑스럽지 않다	262	16.4%
합계	1,593	100.0%

* 자랑스럽다: 매우 자랑스럽다+다소 자랑스럽다, 자랑스럽지 않다: 별로 자랑스럽지 않다+전혀 자랑스럽지 않다
출처: KGSS, 각년도

※ 설문문항

귀하는 한국 국민인 것을 얼마나 자랑스럽게 생각하십니까?

42. 아시아인으로서 자긍심

2005		
	빈도	퍼센트
강함	455	46.57%
약함	522	53%
합계	977	100%

강함: 매우 가깝다+대체로 가깝다, 약함: 별로 가깝지 않다+전혀 가깝지 않다
출처: 동아시아연구원, 중앙일보, 「국가정체성 여론조사」, 2005

※ 설문문항

귀하가 속한 다음의 조직이나 집단에 얼마나 가깝게 혹은 얼마나 가깝지 않게 느끼십니까?

43. 지리적 단위별 소속감

(a) 광역시도민으로서 자긍심

2005		
	빈도	퍼센트
강함	391	39.4%
약함	601	60.6%
합계	992	100.0%

강함: 매우 가깝다+대체로 가깝다, 약함: 별로 가깝지 않다+전혀 가깝지 않다
출처: EAI, 중앙일보, 「국가정체성 여론조사」, 2005

※ 설문문항

귀하가 속한 다음의 조직이나 집단에 얼마나 가깝게 혹은 얼마나 가깝지 않게 느끼십니까?

(b) 시군구민으로서 자긍심

2005		
	빈도	퍼센트
강함	537	53.2%
약함	473	46.8%
합계	1,010	100.0%

강함: 매우 가깝다+대체로 가깝다, 약함: 별로 가깝지 않다+전혀 가깝지 않다
출처: EAI, 중앙일보, 「국가정체성 여론조사」, 2005

※ 설문문항

귀하가 속한 다음의 조직이나 집단에 얼마나 가깝게 혹은 얼마나 가깝지 않게 느끼십니까?

(c) 읍면동민으로서 자긍심

2005		
	빈도	퍼센트
강함	555	54.8%
약함	457	45.2%
합계	1,012	100.0%

강함: 매우 가깝다+대체로 가깝다, 약함: 별로 가깝지 않다+전혀 가깝지 않다
출처: EAI, 중앙일보, 「국가정체성 여론조사」, 2005

※ 설문문항

귀하가 속한 다음의 조직이나 집단에 얼마나 가깝게 혹은 얼마나 가깝지 않게 느끼십니까?

(d) 지리적 단위별 소속감(WVS)

	1990		1996		2001	
	빈도	퍼센트	빈도	퍼센트	빈도	퍼센트
거주지, 소재지 (locality)	226	18.1%	512	41.5%	539	45.0%
지역, 지방 (region)	296	23.7%	261	21.2%	253	21.1%
국가 (country)	729	58.3%	416	33.7%	366	30.6%
대륙 (continent)	0	0.0%	6	0.5%	10	0.8%
세계 (the world)	0	0.0%	39	3.2%	30	2.5%
합계	1,251	100.0%	1,234	100.0%	1,198	100.0%

* 1순위 응답을 기준으로 한 수치임.

출처: 「세계가치조사」, 각년도

※ 설문문항

다음의 지리적 집단 가운데 귀하가 가장 강하게 소속되어 있다고 생각하시는 것은 무엇입니까? 그리고 그 다음은 무엇입니까? 그리고 가장 소속감이 낮은 것은 무엇입니까?

44. 가족 및 친족 소속감

친척의 범위(2004 Regional Conflict Survey in Korea)

	없음	1촌	2촌	3촌	4촌	5촌	6촌	7촌	8촌
친가	0.2	0	0.3	1.4	23	5.6	20.6	2.2	45
외가	0.7	0.4	1	5.8	55.6	5.3	14.7	0.7	13.2

Ⅲ. 포용성(Incluson)

45. 거주자 중 시민권자의 비율

(a) 국적별 등록 외국인 수(명)

연도	총계	한국계중국인 (A Korean Chinese)	중국 (China)	베트남 (Vietnam)	필리핀 (Philippines)	인도네시아 (Indonesia)	타이완 (Taiwan)
1985	40,920	–	2	–	251	19	25,008
1990	49,507	–	147	1	578	78	23,583
1995	110,028	7,367	11,825	5,663	9,004	3,434	23,265
2000	210,249	32,443	26,541	15,624	15,961	16,700	23,026
2003	437,934	108,283	77,202	23,315	27,562	28,349	22,585
2004	468,875	128,287	80,036	26,053	27,934	26,063	22,285
2005	485,144	146,338	70,654	35,514	30,649	22,572	22,178
2006	631,219	221,525	90,298	52,157	40,246	23,715	22,118

연도	타이 ((Thailand)	일본 (Japan)	몽골 (Mongolia)	우즈베키스탄 (Uzbeki-stan)	방글라데시 (Bangla-desh)	파키스탄 (Pakistan)	인도 (India)	미국 (United States)
1985	48	2,472	–	–	11	27	290	7,750
1990	52	5,323	2	–	11	27	282	14,019
1995	478	9,365	36	810	2,700	803	522	22,214
2000	3,240	14,013	769	3,737	7,882	3,215	946	22,778
2003	19,996	15,967	9,218	10,697	13,600	7,147	4,428	23,208
2004	21,890	16,399	10,987	11,525	13,078	9,226	4,778	22,566
2005	21,398	17,209	13,695	10,752	9,054	8,701	3,911	23,476
2006	30,170	17,682	19,610	11,617	8,596	8,929	3,964	24,998

연도	캐나다 (Canada)	브라질 (Brazil)	러시아 (연방) (Russian Federa-tion)	영국 (United Kingdom)	프랑스 (France)	독일 (Germany)	호주 (Australia)	뉴질랜드 (Newzea-land)	나이지리아 (Nigeria)
1985	381	38	–	784	813	574	203	45	–
1990	615	122	–	670	608	773	378	51	4
1995	1,962	204	513	857	685	989	614	102	27
2000	3,296	219	2,581	1,269	1,466	1,076	1,022	534	218
2003	5,440	279	6,140	2,085	1,461	1,129	1,572	1,098	1,173
2004	5,784	260	4,556	2,049	1,478	1,088	1,425	860	1,112
2005	6,380	292	3,697	2,505	1,537	1,228	1,551	904	947
2006	6,843	352	3,731	3,000	1,558	1,332	1,639	998	913

자료 : 법무부, 『출입국관리통계연보』, 각년도

(b) 체류외국인 자격별 현황

연도	총체류자(명)	불법체류자(명)	불법체류율(%)
2001	229,648	67,064	29.20
2002	252,457	83,779	33.20
2003	437,954	72,500	16.00
2004	468,875	89,857	19.20
2005	485,144	107,049	22.10
2006	631,219	106,657	16.90
2007	1,066,273	223,464	21.00

자료: 법무부, 『출입국관리통계연보』, 각년도

46. 지방선거의 투표권 보유자 비율 및 투표율

대통령, 국회의원, 지방의회의원 선거 투표율

연도 (Year)	대통령선거[1] (Presidential elections)		국회의원선거[2] (National assembly election)		지방의회의원선거[3] (Local assembly elections) 시·도 (Si·Do)		지방의회의원선거[3] (Local assembly elections) 시·군·구 (Si·Gun·Gu)	
	선거인 비율 (Percentage of eligible population)	투표율 (Participation)	선거인 비율 (Percentage of eligible population)	투표율 (Participation)	선거인 비율 (Percentage of eligible population)	투표율 (Participation)	선거인 비율 (Percentage of eligible population)	투표율 (Participation)
1958	–	–	47.2	87.8	–	–	–	–
1960	52	97	53.9	84.3	53.4	67.4	51.5	62.6
1963	49.4	85	50.8	72.1	–	–	–	–
1967	47.8	83.6	50.4	76.1	–	–	–	–
1971	50.4	79.9	50.6	73.2	–	–	–	–
1973	–	–	49.8	71.4	–	–	–	–
1978	–	–	53.8	77.1	–	–	–	–
1981	–	–	55.9	77.7	–	–	–	–
1985	–	–	59.4	84.6	–	–	–	–
1987	–	–	–	89.2	–	–	–	–
1988	–	–	63	75.8	–	–	–	–

연도	대통령선거[1] (Presidential elections)		국회의원선거[2] (National assembly election)		지방의회의원선거[3] (Local assembly elections)			
					시·도 (Si·Do)		시·군·구 (Si·Gun·Gu)	
	선거인 비율 (Percentage of eligible population)	투표율 (Participation)	선거인 비율 (Percentage of eligible population)	투표율 (Participation)	선거인 비율 (Percentage of eligible population)	투표율 (Participation)	선거인 비율 (Percentage of eligible population)	투표율 (Participation)
1991	–	–	–	–	64.9	58.9	65.4	55
1992	66.7	81.9	66.1	71.9	–	–	–	–
1995	–	–	–	–	68.1	68.4	68.1	68.6
1996	–	–	68.6	63.9	–	–	–	–
1998	–	–	–		69.6	52.3	69.6	53.2
2000	–	–	70.6	57.2	–	–	–	–
2002	72.6	70.8			72.2	48.8	72.2	48.8
2004	–	–	73.5	60.6	–	–	–	–
2006	–	–	–	–	74.1	51.6	74.9	51.4
2007	76.5	63	–	–	–	–	–	–

자료: 중앙선거관리위원회

주: 1) 「대통령 선거총람」 각년도

2) 「국회의원선거총람」 각년도

3) 「지방의회의원선거총람」 각년도

47. 공적연금에 가입할 수 있는 사람의 비율

연도	가입자수(A)	총인구(B)	(A/B) (%)
1990	4,652,000	18,539,000	25%
1995	7,497,000	20,845,000	36%
2000	16,121,000	22,069,000	73%
2005	17,124,000	23,689,000	72%

출처: 국민연금관리공단

48. 성별 임금격차

성별 · 교육정도별 임금격차

연도	고졸		초대졸		대졸이상	
	여성	성비[1)]	여성	성비[1)]	여성	성비[1)]
1990	326,043	60.624987	410,857	70.746785	590,249	72.0219
1991	381,176	60.65374	465,585	68.086497	679,327	73.954923
1992	438,314	59.895081	536,099	69.278384	745,850	73.487392
1993	480,953	59.775342	579,378	69.921592	807,234	74.864643
1994	539,010	61.292579	639,488	70.971895	898,118	77.891178
1995	612,590	62.713515	720,919	70.932927	974,341	76.772658
1996	695,483	64.002956	817,447	72.175397	1,115,274	77.83378
1997	759,092	65.003832	864,482	71.263043	1,187,224	77.377458
1998	763,516	65.866338	868,008	71.183088	1,206,314	77.17456
1999	819,910	66.806432	884,138	70.175252	1,279,666	75.714371
2000	885,315	66.395853	984,056	71.430718	1,389,448	74.206793
2001	929,249	66.380524	1,042,567	72.546435	1,463,881	73.837395
2002	1,025,569	67.754699	1,087,417	69.363535	1,547,262	71.4284
2003	1,097,642	67.8	1,188,025	70.3	1,688,414	71.8
2004	1,174,719	68.8	1,258,667	70.5	1,788,623	71.4
2005	1,237,920	68.8	1,380,073	73.5	1,893,404	70.5

자료: 노동부, 『임금구조기본통계조사보고서』, 각년도

주: 1) 학력별 남자임금에 대한 여성임금의 비율(남자임금=100.0)

49. 무료법률상담을 제공받을 수 있는 사람의 비율

법률 구조 실적 증가 2007.11.30 현재(단위: 건, 억원)

구분	계	민사 등					형사
		소계	소송 전 구조	소장 등 서류작성	소송 구조	구조금액	
1987-2001	315,557	285,159	128,204	79,282	77,673	25,420	30,398
2002	44,916	33,310	1,256	19,827	12,227	4,441	11,606
2003	61,142	44,437	999	26,172	17,266	6,398	16,705
2004	69,492	49,339	743	28,496	20,100	7,291	20,153
2005	76,058	58,980	453	29,004	29,523	9,147	17,078
2006	93,280	75,976	377	13,488	62,111	14,565	17,304
2007.11.	92,584	71,778	250	9,791	61,737	14,986	20,806
총계	753,029	618,979	132,282	206,060	280,637	82,248	134,050

출처: 한국법률구조공단, http://www.klac.or.kr/html/view.do?code=82

50. 차별을 경험한 사람의 비율

국가인권위원회 차별행위 진정사건 사유별 접수현황

구분			성별	성희롱	종교	장애	나이	사회적신분	출신지역	출신국가	출신민족	용모	혼인여부	임신출산	가족상황	인종	피부색	사상	전과	성적지향	병력	학력	기타
접수	2002	189	11	2	6	33	7	48	5	20	–	2	2	–	1	1	1	4	7	4	10		25
	2003	358	34	1	5	18	24	75	2	19	1	4	4	15	2	–	–	7	3	2	16	28	98
	2004	389	25	–	8	54	57	64	6	10	–	6	7	4	4	–	–	–	7	1	7	12	117
	2005	1081	55	62	11	121	87	297	23	19	–	45	9	5	15	1	1	5	23	5	21	48	228
	2006	824	44	104	8	115	69	208	9	28	0	10	22	9	8	1	0	2	12	4	30	24	117
	2007	1,159	76	163	12	245	107	117	8	37	1	20	3	16	13	4	1	2	17	3	31	27	256
	계	4,000	245	332	50	586	351	809	53	133	2	87	47	49	43	7	3	20	69	19	115	139	841
	구성비(%)	100	6.1	8.3	1.3	14.6	8.8	20.2	1.3	3.3	0	2.2	1.2	1.2	1.1	0.2	0.1	0.5	1.7	0.5	2.9	3.5	21
종결		3,775	229	296	47	529	337	793	52	119	2	80	46	44	42	6	3	19	65	16	110	135	785
미결		245	16	36	3	57	14	16	1	14	0	7	1	5	1	1	0	1	4	3	5	4	56

출처: 「국가인권위원회 연간보고서」, 2007

51. 의회 및 사기업과 재단의 이사회에 선출되거나 지명된 소수인종의 비율

자료 없음

52. 의회 및 사기업과 재단의 이사회에 선출되거나 지명된 여성의 비율

(a) 국회 및 지방의회 여성의원 비율

	국회의원수(명)	여성국회 의원수(명)	비율(%)	지방의회 의원수(명)	여성지방 의원수(명)	비율(%)
1971	204	5	2.4509804	–	–	–
1973	146	12	8.2191781	–	–	–
1978	154	1	0.6493506	–	–	–
1981	276	9	3.2608696	–	–	–
1985	276	8	2.8985507	–	–	–
1988	299	6	2.006689	–	–	–
1991	–	–	–	5169	48	0.9
1992	299	3	1.0033445	–	–	–
1995	–	–	–	5756	128	2.2
1996	299	9	3.0100334	–	–	–
1998	–	–	–	4179	97	2.3
2000	273	16	5.8608059	–	–	–
2002	–	–	–	4167	140	3.4
2004	299	39	13	–	–	–
2006	–	–	–	3626	525	14.5

자료: 중앙선거관리위원회, 「국회의원선거총람」, 「지방의회의원선거총람」 각년도, 2006년 제4회 전국동시지방선거 당선자 현황

(b) 주요 정당의 여성 고위당직자수

연도	여당						제1야당					
	중앙위원			당원협의회 운영위원장[2)]			상임전국위원			당원협의회 운영위원장[2)]		
	계 (명)	여성 (명)	비율 (%)	계 (명)	여성 (명)	비율 (%)	계 (명)	여성 (명)	비율 (%)	계 (명)	여성 (명)	비율 (%)
1993	47	2	4.3	237	2	0.8	65	3	4.6	222	1	0.5
1995	45	2	4.4	237	2	0.8	55	4	7.2	–	–	–
1997	50	3	6.1	253	2	0.8	–	–	–	–	–	–
2000	41	6	14.6	225	6	2.7	55	3	5.5	225	5	2.2
2001	98	5	5.1	227	3	1.3	63	5	7.9	227	3	1.3
2002	98	9	9.2	227	3	1.3	63	5	7.9	227	3	1.3
2003	–	–	–	–	–	–	57	6	10.5	216	4	1.9
2004	76	16	21.1	–	–	–	51	10	19.6	–	–	–
2005	–	–	–	–	–	–	–	–	–	–	–	–
2006[1)]	81	21	25.9	288	7	2.4	74	10	13.5	243	7	2.9

자료: 한국여성개발원, 「정당의 여성정치참여 지원방안」, 1995

주: 1) 2006년 6월 현재 자료임

2004년 이전 제 1야당(한나라당)의 상임전국위원은 운영위원임2)

2) 2004년이전 자료는 지구당 위원장수임

(c) 정부 위원회의 여성참여 현황

연도	위원회			위원		
	위원회수	여성참여 위원회수	여성참여 위원회비율	위원 수	여성 위원수	여성 참여비율
1984	364	35	9.6	7,071	156	2.2
1988	346	48	13.9	10,645	585	5.5
1989	366	64	17.5	11,327	912	8.1
1990	355	69	19.4	11,374	1,019	9
1991	370	75	21.2	15,439	890	5.8
1992	375	80	21.3	19,492	1,067	5.5
1993	383	98	25.7	14,133	977	6.9
1994	330	100	30.3	14,320	1,160	8.1
1995	324	116	35.8	14,619	1,131	7.7
1996	362	115	31.8	26,053	2,414	9.2
1997	310	141	45.5	11,269	1,251	11.1
1998	1,206	714	59.2	15,296	1,896	12.4
1999	1,161	694	59.8	14,944	2,635	17.6
2000	1,202	996	82.9	16,255	3,842	23.6
2001	1,231	1,129	91.7	16,393	4,547	27.7
2002	1,274	1,210	95	16,926	5,093	30.1
2003	1,292	1,244	96.3	16,113	5,095	31.6
2004	1,346	1,291	95.9	17,470	5,617	32.2
2005	1,472	1,431	97.2	19,969	6,476	32.4

자료: 여성가족부, 『여성가족통계연보』, 2005

53. 장기실업률(12개월 이상)

(a) 구직기간별 실업자 구성비 (단위: 천명, %)

연 도	계	3개월 미만	3개월 이상~ 6개월 미만	6개월 이상
합계				
1999	1,374	53.2	28.2	18.6
2000	979	59.9	25.9	14.1
2001	899	61	26.1	12.9
2002	752	58.4	27.8	13.8
2003	818	64	26	10
2004	860	62.3	26.3	11.4
2005	887	61.2	27.2	11.6
2006	827	61.2	27.5	11.3
2007	783	60	28.2	11.7
남자				
1999	926	49.7	29	21.2
2000	647	56	27.2	16.7
2001	591	57.4	27.4	15.2
2002	491	54.6	29.1	16.3
2003	508	59.6	27.9	12.5
2004	534	59	27.6	13.4
2005	553	58.6	28.5	12.9
2006	533	58.6	29.2	12.2
2007	517	57	29	13.9
여자				
1999	448	60.7	26.3	13.2
2000	332	67.5	23.5	9
2001	308	67.9	23.7	8.4
2002	261	65.5	25.3	9.2
2003	310	71.1	22.9	6
2004	326	67.5	24.3	8.2
2005	334	65.4	25.2	9.4
2006	294	65.9	24.5	9.6
2007	266	66	26.5	7.4

자료: 통계청, 『경제활동인구조사』, 각년도

(b) 실업률 변화

연도	실업률(%)
1995	2.1
1996	2
1997	2.6
1998	7
1999	6.3
2000	4.1
2001	3.8
2002	3.6
2003	3.9
2004	3.9
2005	4
2006	3.7
2007	3.5

출처: 자료: 노동부, 『노동통계연감』, 각년도

54. 비자발적인 임시직 또는 비상근 근로자의 비율

연도	임금근로자(명)	상용(%)	임시직(%)	일용직(%)
1990	10,950	54.2	29	16.8
1995	12,899	58.1	27.9	14
2000	13,360	47.9	34.5	17.6
2001	13,659	49.2	34.6	16.2
2002	14,181	48.4	34.5	17.2
2003	14,402	50.5	34.7	14.8
2004	14,894	51.2	34.1	14.7
2005	15,185	52.1	33.3	14.6
2006	15,551	52.8	33.1	14.2
2007	15,970	54	32.4	13.6

자료: 통계청, 「경제활동인구조사」, 각년도

55. 공공 건강보험에의 가입자격을 가진 사람의 비율과 가입자의 비율

연도	의료보장적용인구(A)	총인구(B)
1980	11,369,055	38,124,000
1985	21,253,682	40,806,000
1990	44,110,412	42,869,000
1995	45,429,041	45,093,000
1997	46,088,755	45,954,000
1998	45,794,823	46,287,000
1999	46,820,580	46,617,000
2000	47,465,758	47,008,000
2001	47,882,147	47,357,000
2002	48,080,015	47,622,000
2003	48,556,572	47,859,000
2004	48,900,835	48,039,000
2005	49,153,617	48,138,000
2006	49,238,227	48,297,000
2007	49,672,388	48,456,000

자료: 보건복지가족부, 『건강보험통계연보』, 각년도

56. 편안한 잠자리를 가지지 못한 무주택자의 비율

부랑인 복지시설 입소현황

시도별	2001		2002		2003		2004		2005		2006	
	시설수(개소)		시설수(개소)		시설수(개소)		시설수(개소)		시설수(개소)		시설수(개소)	
	구분(개소)	계(명)	구분(개소)	계(명)	구분(개소)	계(명)	구분(개소)	계(명)	구분(개소)	계(명)	구분(개소)	계(명)
	시설수(개소)	소계	시설수(개소)	소계	시설수(개소)	소계	시설수(개소)	소계	시설수(개소)	소계	시설수(개소)	소계
계	43	11,494	37	10,239	37	9,783	37	9,783	38	9,055	38	8,193
서울	5	3,342	4	3,189	3	2,958	3	2,958	4	2,589	4	2,521
부산	3	547	3	384	3	380	3	380	3	395	3	383
대구	1	1,641	1	1,299	1	1,227	1	1,227	1	1,104	1	904
인천	1	543	1	404	1	372	1	372	1	343	1	370
광주	1	383	1	271	1	254	1	254	1	257	1	132
대전	2	275	1	244	1	243	1	243	1	220	1	182
울산	–	–	0	0	–	–	–	–	–	–	–	–
경기	3	1,055	3	892	3	786	3	786	3	583	3	571
강원	3	340	3	324	3	314	3	314	3	303	3	260
충북	3	1,035	2	967	2	916	2	916	2	928	2	852
충남	1	110	1	132	1	155	1	155	1	159	1	132
전북	4	370	4	348	4	343	4	343	4	330	4	293
전남	7	837	5	758	6	809	6	809	6	801	6	696
경북	2	402	2	404	2	410	2	410	2	400	2	349
경남	5	465	4	461	4	446	4	446	4	456	4	389
제주	2	149	2	162	2	170	2	170	2	187	2	159

57. 공공임대주택(social housing) 입주를 위한 평균 대기기간

자료 없음

58. 각급 학교에의 취학률과 진학률

(a) 진학률

Year	초등학교 → 중학교			중학교 → 고등학교			고등학교 → 대학교		
	계 (Total)	남자 (Male)	여자 (Female)	계 (Total)	남자 (Male)	여자 (Female)	계 (Total)	남자 (Male)	여자 (Female)
1982	97.7	98.4	97	86.9	91	82.2	37.7	41.9	32.1
1983	98.6	99.1	98	89.4	92.9	85.5	38.3	40.3	38.3
1984	98.8	99.2	98.5	89.7	92.3	86.8	37.8	39.3	35.9
1985	99.2	99.4	99.1	90.7	93.1	88.2	36.4	38.3	34.1
1986	99.4	99.5	99.2	91.2	93.4	88.8	36.4	39.7	32.6
1987	99.5	99.6	99.4	91.9	93.6	90	36.7	38.9	33.9
1988	99.5	99.6	99.5	93.5	94.9	92.1	35	37	32.7
1989	99.7	99.7	99.6	94.6	95.6	93.6	35.2	36	34.2
1990	99.8	99.8	99.8	95.7	96.3	95	33.2	33.9	32.4
1991	99.8	99.8	99.8	97.5	98	96.8	33.2	33.6	32.6
1992	99.9	99.9	99.9	98.6	99	98.1	34.3	35.3	33.1
1993	99.9	99.9	99.9	98.2	98.5	97.9	38.4	39.9	36.7
1994	99.9	99.9	99.9	98.8	99.1	98.5	45.3	47.4	42.9
1995	99.9	99.9	99.9	98.5	98.6	98.4	51.4	52.8	49.8
1996	99.9	99.9	99.9	99	98.9	99.1	54.9	56.7	53.1
1997	99.9	99.9	99.9	99.4	99.4	99.4	60.1	62.4	57.7
1998	99.9	99.9	99.9	99.5	99.5	99.5	64.1	66.4	61.6
1999	99.9	99.9	99.9	99.4	99.5	99.4	66.6	69.2	63.9
2000	99.9	99.9	99.9	99.6	99.5	99.6	68	70.4	65.4
2001	99.9	99.9	99.9	99.6	99.5	99.6	70.5	73.1	67.6
2002	99.9	99.9	99.9	99.5	99.6	99.5	74.2	75.8	72.4
2003	99.9	99.9	99.9	99.7	99.7	99.7	79.7	81.5	77.8
2004	99.9	99.9	99.9	99.7	99.7	99.7	81.3	82.8	79.7
2005	99.9	99.9	99.9	99.7	99.7	99.8	82.1	83.3	80.8
2006	99.9	99.9	99.9	99.7	99.7	99.8	82.1	82.9	81.1
2007	99.9	99.9	99.9	99.6	99.6	99.7	82.8	83.3	82.2

자료: 교육인적자원부·한국교육개발원, 『교육통계연보』, 각년도

(b) 취학률

연도	초등학교			중학교			고등학교			고등교육기관		
	계	남자	여자	계	남자	여자	계	남자	여자	계	남자	여자
1982	99.8	99.5	100.1	75.6	76.8	74.4	58.2	62.9	53.1	17.2	23.1	10.8
1983	98.7	98.5	98.9	75.7	76.6	74.7	61.7	65.6	57.5	19.5	25.3	13.4
1984	–	–	–	78.5	79.2	77.9	62.8	65.8	59.5	21.4	27.2	15.2
1985	–	–	–	82	82.3	81.7	64.2	66.5	61.7	22.6	28.7	16.1
1986	–	–	–	83.5	83.8	83.2	65.2	65.9	64.5	22.5	28	16.7
1987	97.2	97	97.5	84.5	84	85	65.3	67.4	63.2	23.2	28.9	17.2
1988	97.8	97.5	98.1	84.3	84.1	84.4	67.4	68.9	65.8	22.2	26.6	17.5
1989	98.9	98.6	99.2	84.4	84.2	84.6	69.8	70.9	68.7	22.6	26.7	18.3
1990	100.5	100.1	101	91.6	91.2	92	79.4	81.4	77.2	22.9	26.5	19
1991	100.6	100.2	101.1	88.4	91.9	84.5	78.7	79.7	77.6	23.7	27.2	20
1992	100.1	99.7	100.5	89.1	88.5	89.7	77.5	77.7	77.3	24.9	28.5	21.1
1993	99.6	99.4	100	88.7	88.2	89.3	78.9	78.9	78.8	27.1	30.9	23.2
1994	99	98.7	99.3	93.8	93.3	94.4	80.5	80.5	80.5	31.7	36.1	27
1995	98.2	97.9	98.4	93.5	93.4	93.7	82.9	83.3	82.4	35.9	40.1	31.4
1996	97.7	97.2	98.2	93	92.4	93.6	83	83.6	82.4	41.1	45.1	36.8
1997	97.6	97	98.2	92.8	92.6	93.1	85.5	85.7	85.2	45.3	49.5	40.9
1998	97.7	97	98.5	94.1	93.7	94.7	88.7	88.9	88.5	46.8	51	42.3
1999	97.6	96.9	98.4	93.9	93.6	94.3	91.1	91.1	91.1	49.2	53.4	44.8
2000	97.2	96.7	97.8	95	94.3	95.8	89.4	89.5	89.4	50.2	54.2	46.1
2001	97.5	97.1	97.8	96.1	95.3	96.9	89.8	89.6	89.9	52.9	57.2	48.4
2002	97.5	97.1	98	95.4	98.1	95.7	88.8	88.7	88.8	54	57.6	50.2
2003	98.5	98.1	98.9	93.5	92.9	94.3	90.7	85.8	90.6	55.5	58.6	52.1
2004	98	97.7	98.3	92.4	91.8	93.1	90.7	90.2	91.1	58.8	61.7	55.6
2005	98.8	98.4	99.2	94.3	93.7	95	92.2	91.7	92.7	62.3	64.9	59.4
2006	98.8	98.7	98.9	96.2	95.7	96.6	93.1	92.9	93.3	63.5	66.3	60.5
2007	99.3	99.2	99.3	96	95.9	96.1	91.3	90.9	91.7	66.1	68.6	63.4

자료: 교육인적자원부·한국교육개발원, 『교육통계연보』, 각년도

59. 돌봄이 필요한 사람의 비율

(a) 노인의 성/연령 별 수단적 일상생활 수행능력(1998)

구분	전체	성		연령		
		남자	여자	65~69	70~74	75세 이상
목욕하기						
전혀 어렵지 않음	84.6	89.6	81.7	90.6	84.1	77.2
약간 어려움	10.6	6.2	13.3	7.7	9.3	15.9
매우 어려움	3.7	3.6	3.8	1.6	5.3	5.1
전혀 할 수 없음	1	0.7	1.2	0.2	1.4	1.9
옷 갈아입기						
전혀 어렵지 않음	92.3	92.8	92	95.2	91	89.7
약간 어려움	6.2	5.2	6.8	4.1	6.4	8.7
매우 어려움	1.2	1.7	0.9	0.6	2.1	1.1
전혀 할 수 없음	0.4	0.4	0.3	0.2	0.5	0.5
식사하기						
전혀 어렵지 않음	96.1	96.5	95.8	97.7	95.4	94.6
약간 어려움	3.5	3.2	3.7	2.3	3.9	4.8
매우 어려움	0.3	0.2	0.4	0.1	0.3	0.6
전혀 할 수 없음	0.2	0.2	0.2	–	0.4	0.1
앉기						
전혀 어렵지 않음	74.9	83.9	69.6	80.4	73.3	69.2
약간 어려움	20.8	12.2	25.8	16.6	22.6	24.6
매우 어려움	3.8	3.6	4	2.9	3.5	5.5
전혀 할 수 없음	0.5	0.3	0.6	0.2	0.6	0.8
걷기						
전혀 어렵지 않음	73.3	82.1	68.1	79.1	71.9	67.1
약간 어려움	20.4	12.5	25.1	17.5	21.4	23.2
매우 어려움	5.4	4.5	5.9	3.3	5.3	8.3
전혀 할 수 없음	0.9	0.9	0.9	0.2	1.3	1.4
화장실 이용하기						
전혀 어렵지 않음	86.9	90	85.1	90.6	86	83.1
약간 어려움	9.8	6.4	11.8	7.3	10	12.8

매우 어려움	2.8	3.4	2.4	0.1	3	3.4
전혀 할 수 없음	0.6	0.3	0.7	–	1.1	0.8
일상용품 사러가기						
전혀 어렵지 않음	71.1	81.1	65.3	79.5	72.1	59
약간 어려움	20.6	12.4	25.5	16.7	19.4	27.1
매우 어려움	5.7	4.2	6.6	3.4	5.9	8.7
전혀 할 수 없음	2.5	2.3	2.6	0.4	2.6	5.3
전화걸기						
전혀 어렵지 않음	80.1	91	73.8	93.1	80.8	62.3
약간 어려움	16.9	6.5	23	5.5	15.9	32.8
매우 어려움	1.5	1.7	1.4	0.8	1.6	2.4
전혀 할 수 없음	1.5	0.9	1.9	0.6	1.7	2.5
버스/전철 타기						
전혀 어렵지 않음	62.3	77.5	53.5	73.5	63.8	46.2
약간 어려움	25.1	13.5	31.8	21	23.6	31.9
매우 어려움	7.8	5.3	9.3	3.9	7.7	13.2
전혀 할 수 없음	4.8	3.7	5.4	1.6	5	8.7
가벼운 집안일하기						
전혀 어렵지 않음	74.2	85.2	67.7	81.6	74.8	63.8
약간 어려움	19.6	9.1	25.8	15.5	18.4	26.1
매우 어려움	4.2	3.5	4.6	2.4	4.4	6.3
전혀 할 수 없음	2.1	2.3	2	0.6	2.4	3.8
계	100	100	100	100	100	100
(명)	−2,221	−823	−1,398	−884	−669	−668

자료: 정경희 외, 『1998년도 전국 노인생활실태 및 복지욕구조사』, 보건사회연구원

※ 설문문항

다음은 기본적 일상생활수행능력에 관한 질문들입니다. 어르신께서는 일상생활을 하시는 데 있어 다음과 같은 동작을 행하는 데 다른 사람의 도움이 필요하십니까?

(b) 노인의 성/연령별 수단적 일상생활 수행능력(2004)

구분	전체	성		연령		
		남자	여자	65~69	70~74	75세 이상
옷 벗고 입기						
완전자립	96.3	96	96.4	98.5	97.9	92.4
부분도움	2.2	2.6	2	1.1	1.6	4.1
완전도움	1.5	1.4	1.5	0.5	0.5	3.5
세수하기						
완전자립	97.6	97.8	97.5	99.2	98.8	94.8
부분도움	1.1	1.1	1.1	0.4	0.7	2.2
완전도움	1.4	1.1	1.5	0.5	0.5	3.1
양치질하기						
완전자립	97.6	98.2	97.3	99.2	99	94.7
부분도움	1	0.6	1.3	0.4	0.7	2.2
완전도움	1.3	1.1	1.4	0.4	0.4	3.1
목욕하기						
완전자립	93.5	94.3	93	97.6	96.7	86.3
부분도움	3.3	2.8	3.5	1.3	1.9	6.6
완전도움	3.2	2.9	3.4	1.1	1.4	7.1
식사하기						
완전자립	98.1	98.3	98	99.4	99	95.9
부분도움	1	1	1.1	0.2	0.7	2.2
완전도움	0.9	0.8	1	0.4	0.3	1.9
체위변경하기						
완전자립	98.8	98.7	98.9	99.4	99.5	97.7
부분도움	0.6	0.8	0.5	0.2	0.5	1.2
완전도움	0.6	0.5	0.6	0.4	0.3	1.2
일어나 앉기						
완전자립	98.5	98.3	98.7	99.4	99.2	97
부분도움	0.7	1.1	0.5	0.2	0.5	1.4
완전도움	0.8	0.6	0.9	0.4	0.3	1.6
옮겨타기						
완전자립	98.3	98.6	98.1	99.4	99.1	96.2

부분도움	0.7	0.4	0.8	0.1	0.4	1.5
완전도움	1.1	1	1.1	0.5	0.5	2.3
방밖으로 나오기						
완전자립	97.8	98.3	97.4	99.3	99.1	94.9
부분도움	1	0.5	1.4	0.3	0.5	2.5
완전도움	1.2	1.2	1.2	0.4	0.5	2.6
화장실 사용하기						
완전자립	97.5	98.1	97.2	99.1	99	94.5
부분도움	1.1	0.9	1.5	0.5	0.5	2.3
완전도움	1.4	1.1	1.4	0.4	0.5	3.2
대변 조절하기						
완전자립	97.4	97.8	97.2	99.2	98.9	94.2
부분도움	1.3	1.1	1.5	0.4	0.8	2.8
완전도움	1.3	1.1	1.4	0.5	0.3	3
소변 조절하기						
완전자립	96.4	97.3	95.8	98	98	93.2
부분도움	2.4	1.8	2.7	1.5	1.7	3.9
완전도움	1.2	0.9	1.4	0.5	0.3	2.9
몸 단장하기						
완전자립	95.6	95.6	95.6	97.9	97.9	91.1
부분도움	2.6	2.67	2.6	1.4	1.2	5.3
완전도움	1.7	1.7	1.8	0.8	0.9	3.6
집안일						
완전자립	91	92.1	90.3	96.3	95.4	81.2
부분도움	5.1	4.1	5.8	1.9	2.9	10.7
완전도움	3.9	3.9	3.9	1.8	1.7	8.1
식사준비						
완전자립	90.3	91.5	89.5	96.1	94.9	79.9
부분도움	5.1	3.9	5.9	2.3	3	10
완전도움	4.6	4.6	4.6	1.6	2.1	10.1
빨래하기						
완전자립	90.6	91.1	90.3	96	94.9	81
부분도움	4.7	3.7	5.3	2.3	2.9	9

완전도움	4.7	5.2	4.3	1.8	2.2	10
근거리 외출하기						
완전자립	92.5	94.8	91.1	96.8	96.4	84.4
부분도움	3.8	2.5	4.7	2.2	2	7.3
완전도움	3.7	2.7	4.3	1.1	1.6	8.4
교통수단 이용하기						
완전자립	86.2	91.1	83.1	95.7	91.6	70.8
적은 부분도움	6.1	3.2	7.9	2.2	4.3	12
많은 부분도움	3.8	3.2	4.2	1	2.5	8
완전도움	3.9	2.5	4.8	1.1	1.5	9.1
물건 사러가기						
완전자립	92.3	94.9	90.7	97.5	96.3	83.2
적은 부분도움	2.6	1.4	3.3	0.9	0.8	5.9
많은 부분도움	2.2	1.9	2.3	0.7	1.5	4.4
완전도움	2.9	1.7	3.7	0.9	1.3	6.6
계	100	100	100	100	100	100
(명)	(3278)	(1255)	(2023)	(1240)	(934)	(1104)

자료: 정경희 외, 『2004년도 전국 노인생활실태 및 복지욕구조사』, 보건사회연구원

※ 설문문항

다음은 기본적 일상생활수행능력에 관한 질문들입니다. 어르신께서는 일상생활을 하시는 데 있어 다음과 같은 동작을 행하는데 다른 사람의 도움이 필요하십니까?

60. 돌봄 서비스(보육 서비스 포함)를 제공받기 위한 평균 대기기간

자료 없음

61. 수입 집단(income group)별 신용거부자의 비율

자료 없음

62. 금융기관으로부터 대출과 금융상담을 받을 수 있는 가능성

자료 없음

63/64. 공공 교통수단에 접근 가능한 사람의 비율/공공교통수단의 조밀도와 도로혼잡도

장애인 편의시설 설치현황 지하철/철도 역사의 승강설비 설치비율(2004년 6월 현재)

구분 \ 대상시설	설치대상	설치역사			비해당역사 (단층건물)
		설치역사 (설치율)	엘리베이터 (설치대수)	휠체어리프트 (설치대수)	
계	580	480(82.7%)	245(642대)	390(1,261대)	234
철도역사	50	38(76.0%)	14(54대)	32(83대)	232
고속철도역사	19	17(89.5%)	11(73대)	9(29대)	0
지하철역사	512	425(83.0%)	220(515대)	349(1,149대)	2

자료: 설재훈 외, 2004, 『장애인/노약자의 복지교통 서비스 개선방안』, 교통개발연구원

65. 1만 명당 공공체육시설 수

시설항목	2001.12		2002.12		2003.12	
	개소	면적	개소	면적	개소	면적
합계	6,145	41,992,601	6,720	48,534,224	6,899	51,813,521
1. 육상경기장	150	10,490,991	156	11,373,789	156	11,730,717
2. 축구장	97	2,596,338	132	5,638,549	162	6,784,288
3. 하키장	4	61,038	6	99,775	7	463,280
4. 야구장	20	692,334	21	723,107	25	1,137,232
5. 싸이클경기장	9	274,161	10	319,096	10	319,186
6. 테니스장	163	1,108,267	192	1,541,015	233	2,601,449
7. 씨름장	15	16,841	17	22,811	14	26,375
8. 간이운동장 (동네체육시설)	5,042	16,217,778	5,861	17,198,886	5,596	17,326,823
9. 체육관	307	5,071,723	335	5,602,380	313	5,864,670
- 구기체육관	200	4,149,433	205	4,307,775	187	4,656,218
- 투기체육관	30	69,066	32	79,619	23	55,691
- 생활체육관	77	853,224	98	1,214,966	103	1,152,762
10. 수영장	103	978,404	111	978,422	112	1,075,257
11. 물경기장	36	195,652	37	220,098	36	255,861
12. 사격장	15	526,108	16	533,583	17	654,046
13. 국궁장	125	1,153,872	142	1,324,514	152	1,232,500
14. 양궁장	10	343,959	14	440,341	14	395,121
15. 승마장	11	249,315	12	493,939	10	266,374
16. 골프연습장	9	169,837	8	135,183	11	126,171
17. 조정카누장	5	1,350,781	6	1,376,033	5	1,144,889
18. 요트장	6	180,313	6	180,313	7	182,459
19. 빙상장	18	315,889	18	332,410	19	224,823

* 연도별 현황은 전년도 12월 31일 기준 작성(단, 2001년 자료부터 건립중인 시설 제외, 2003년 경마장, 2004년, 2007년 골프장 제외)

시설항목	2004.12		2005.12		2006.12	
	개소	면적	개소	면적	개소	면적
합계	7,962	59,587,134	8,716	67,602,640	9,949	75,521,274
1. 육상경기장	163	12,412,406	172	13,174,944	176	13,769,352
2. 축구장	197	7,492,325	250	8,694,835	315	10,662,757
3. 하키장	8	493,241	9	506,692	10	518,384
4. 야구장	28	1,212,829	33	1,273,179	38	1,393,765
5. 싸이클경기장	10	319,186	10	319,186	11	412,566
6. 테니스장	256	2,772,948	287	3,066,394	335	3,671,457
7. 씨름장	16	32,675	19	183,824	23	186,427
8. 간이운동장 (동네체육시설)	6,420	22,594,623	7,069	25,985,684	8,026	28,636,093
9. 체육관	343	6,394,791	385	7,600,250	476	8,638,680
- 구기체육관	199	4,980,453	217	5,924,050	219	6,338,367
- 투기체육관	26	72,345	28	89,522	32	225,911
- 생활체육관	118	1,341,993	140	1,588,879	225	2,074,403
10. 수영장	124	1,146,096	152	1,469,884	179	1,904,701
11. 물경기장	41	276,435	56	406,324	75	598,643
12. 사격장	19	691,636	21	873,388	21	875,998
13. 국궁장	167	1,319,072	177	1,554,328	186	1,665,365
14. 양궁장	16	486,788	16	497,069	16	497,069
15. 승마장	9	251,637	9	244,879	9	244,879
16. 골프연습장	12	131,221	15	141,360	20	228,686
17. 조정카누장	5	1,149,322	5	1,150,642	5	1,152,791
18. 요트장	8	186,079	9	187,479	9	187,479
19. 빙상장	20	224,823	22	292,299	19	276,182

66. 1만 명당 문화예술시설수

문화예술시설 수

	연도	계	공연시설				전시시설		
			소계	종합 공연장	일반 공연장	소 공연장	소계	박물관	미술관
	1995	1,458	266	44	89	133	157	157	24
		0	0						
	1996	1,777	300	47	106	147	172	172	29
	1997	2,033	316	47	112	157	214	214	33
	1998	2,199	321	50	116	155	222	222	39
	1999	972	437	59	193	185	–	–	–
	2000	889	–	–	–	–	207	207	46
		0	0			0			
	2001	1,738	503	66	223	214	235	235	54
	2002	2,284	503	66	223	214	276	276	63
	2003	2,213	399	57	213	129	289	289	66
	2004	10,359	541	56	280	205	328	328	69
	2005	11,222	504	55	248	201	358	358	80
		0				0			
서울		1,975	148	8	54	86	79	79	25
부산		451	20	2	9	9	8	8	3
대구		281	28	6	11	11	7	7	–
인천		418	22	2	7	13	5	5	3
광주		200	17	1	10	6	5	5	3
대전		258	17	3	8	6	14	14	3
울산		161	10	1	7	2	2	2	–
경기		2,219	92	16	45	31	64	64	15
강원		742	21	2	15	4	30	30	2
충북		459	8	1	7	–	16	16	5
충남		534	20	2	10	8	25	25	4
전북		640	17	2	11	4	14	14	3
전남		714	15	2	12	1	11	11	5
경북		828	23	2	17	4	31	31	3
경남		1,101	32	3	17	12	31	31	2
제주		241	14	2	8	4	16	16	3

자료: 문화관광부 행정관리담당관실

주: 1) 보건복지부 정보화 담당관실

2) 문화재청 무형문화재과

지역문화 복지시설					문화보급 전수시설			
소계	문화의집	문화체 육센터	복지회관[1]	청소년 수련시설	소계	문화원	국악원	전수회관[2]
792	–	–	437	355	219	176	2	41
0					0			
1,045	4	–	609	432	231	183	2	46
1,226	17	–	739	470	244	190	2	52
1,358	33	–	805	520	259	198	2	59
533	–	–	–	533	2	–	2	–
634	62	–	–	572	2	–	2	–
730	90	–	–	640	216	214	2	–
1,157	123	–	360	674	285	215	2	68
1,159	135	–	369	655	300	221	3	76
9,083	154	7,863	379	687	338	221	33	84
9,938	157	8,667	391	723	343	224	33	86
0					0			
1,693	21	1,524	95	53	30	24	4	2
408	3	335	49	21	12	8	1	3
237	1	197	25	14	9	8	1	–
379	1	339	16	23	9	8	–	1
167	4	132	19	12	8	5	2	1
217	3	179	18	17	7	5	1	1
144	5	122	7	10	5	5	–	–
2,002	18	1,809	47	128	46	31	3	12
660	11	562	13	74	29	18	1	10
411	8	348	11	44	19	12	2	5
456	10	375	15	56	29	17	2	10
577	13	497	16	51	29	14	7	8
641	10	578	16	37	42	22	5	15
739	10	639	15	75	32	23	2	7
1,004	21	883	21	79	32	20	2	10
203	18	148	8	29	5	4	–	1

67/68. 이웃과 정기적으로 접촉하는 사람의 비율/친구들과 정기적으로 접촉하는 사람의 비율

하루에 접촉하는 사람수

	하루에 접촉하는 사람수	
	빈도	퍼센트
0-4명	332	25.30488
5-9명	350	26.67683
10-19명	309	23.55183
20-49명	195	14.8628
50-99명	73	5.564024
100명이상	37	2.820122
무응답	3	0.228659
알 수 없음	13	0.990854
합계	1,312	100

자료: ISSP, 「사회관계와 지원체계 조사」, 2004

※ 설문문항

귀하는 하루에 보통 몇 사람과 접촉하십니까? 여기서 접촉이란 직접 만나거나 전화, 편지, 인터넷 등으로 귀하와 일대일로 인사하거나 이야기하는 것을 말합니다.

69. 외로움과 고립감을 느끼는 사람의 비율

자료 없음

70. 친인척과의 접촉 빈도

부모 및 형제자매와의 접촉 빈도

형제자매와의 대면 접촉 빈도			
		빈도	유효 퍼센트
유효	같은 집에 산다.	114	9.735269
	매일	58	4.9530316
	1주일에 적어도 몇 번	84	7.1733561
	1주일에 적어도 한 번	108	9.2228864
	1달에 적어도 한 번	330	28.181042
	1년에 몇 번	315	26.900085
	1년에 두세 번 이하	160	13.663535
	무응답	2	0.1707942
	합계	1,171	100

형제자매와의 비대면 접촉 빈도			
		빈도	유효 퍼센트
유효	매일	142	13.459716
	1주일에 적어도 몇 번	237	22.464455
	1주일에 적어도 한 번	219	20.758294
	1달에 적어도 한 번	293	27.772512
	1년에 몇 번	113	10.7109
	1년에 두세 번 이하	41	3.8862559
	무응답	10	0.9478673
	합계	1,055	100

자녀와의 대면 접촉 빈도			
		빈도	유효 퍼센트
유효	같은 집에 산다	248	50.10101
	매일	24	4.8484848
	1주일에 적어도 몇 번	27	5.4545455
	1주일에 적어도 한 번	51	10.30303
	1달에 적어도 한 번	75	15.151515
	1년에 몇 번	54	10.909091
	1년에 두세 번 이하	15	3.030303
	무응답	1	0.2020202
	합계	495	100

자녀와의 비대면 접촉 빈도			
		빈도	유효 퍼센트
유효	매일	58	23.577236
	1주일에 적어도 몇 번	84	34.146341
	1주에 적어도 한 번	43	17.479675
	1달에 적어도 한 번	40	16.260163
	1년에 몇 번	10	4.0650407
	1년에 두세 번 이하	8	3.2520325
	무응답	3	1.2195122
	합계	246	100

부친과의 대면 접촉 빈도			
		빈도	유효 퍼센트
유효	같은 집에 산다	166	12.671756
	매일	14	1.0687023
	1주일에 적어도 몇 번	35	2.6717557
	1주에 적어도 한 번	55	4.1984733
	1달에 적어도 한 번	141	10.763359
	1년에 몇 번	132	10.076336
	1년에 두세 번 이하	60	4.5801527
	전혀 안 만난다	6	0.4580153
	이미 돌아가셨다	698	53.282443
	어디 사시는지 모른다	2	0.1526718
	무응답	1	0.0763359
	합계	1,310	100

부친과의 비대면 접촉 빈도			
		빈도	유효 퍼센트
유효	매일	45	10.158014
	1주일에 적어도 몇 번	119	26.862302
	1주에 적어도 한 번	118	26.636569
	1달에 적어도 한 번	109	24.604966
	1년에 몇 번	29	6.5462754
	1년에 두세 번 이하	7	1.5801354
	전혀 연락 안한다	16	3.6117381
	합계	443	100

모친과의 대면 접촉 빈도			
		빈도	유효 퍼센트
유효	같은 집에 산다	227	17.328244
	매일	35	2.6717557
	1주일에 적어도 몇 번	57	4.351145
	1주일에 적어도 한 번	82	6.259542
	1달에 적어도 한 번	207	15.801527
	1년에 몇 번	186	14.198473
	1년에 두세 번 이하	77	5.8778626
	전혀 안 만난다	4	0.3053435
	이미 돌아가셨다	431	32.900763
	어디 사시는지 모른다	2	0.1526718
	무응답	2	0.1526718
	합계	1,310	100
모친과의 비대면 접촉 빈도			
		빈도	유효 퍼센트
유효	매일	115	17.746914
	1주일에 적어도 몇 번	210	32.407407
	1주일에 적어도 한 번	150	23.148148
	1달에 적어도 한 번	123	18.981481
	1년에 몇 번	26	4.0123457
	1년에 두세 번 이하	8	1.2345679
	전혀 연락 안한다	12	1.8518519
	무응답	4	0.617284
	합계	648	100

자료: ISSP 「사회관계와 지원체계 조사」. 2004

※ 설문문항

- 이번에는 귀하의 부친에 대해 여쭙겠습니다. 귀하는 부친을 어느 정도 자주 만나거나 방문하십니까?
  부친과 만나는 것 이외에 전화, 편지, 팩스, 이메일 등을 통해 어느 정도 자주 연락하십니까?
- 귀하의 모친에 대해 여쭙겠습니다. 귀하는 모친을 어느 정도 자주 만나거나 방문하십니까?
  모친과 만나는 것 이외에 전화, 편지, 팩스, 이메일 등을 통해 어느 정도 자주 연락하십니까?

· 먼저 귀하의 형제자매에 대해 여쭙겠습니다. 만 18세 이상으로 생존해 있는 분은 귀하를 제외하고 모두 몇 명입니까? 혹시 이복 또는 입양 형제자매가 있으면 이 분들도 포함해서 말씀하여 주십시오.
이 분들 가운데 귀하와 가장 자주 접촉하시는 사람은 남자 형제입니까, 여자형제입니까?
이 분을 어느 정도 자주 만나거나 방문하십니까?
이 분과 만나는 것 이외에 전화, 편지, 팩스, 이메일 등을 통해 어느 정도 자주 연락하십니까?

71. 가족 이외의 사람들로부터의 비공식적(비금전적) 지원

어려울 때 누구와 상의하는가?

① 사회적 지원: 아플 때 도움청하는 사람 1

		빈도	유효 퍼센트
유효	없음	46	3.5060976
	배우자	565	43.064024
	본인의 아버지	13	0.9908537
	본인의 어머니	207	15.777439
	배우자의 어머니	22	1.6768293
	딸	93	7.0884146
	며느리	24	1.8292683
	아들	39	2.972561
	본인의 남자형제	13	0.9908537
	본인의 여자형제	84	6.402439
	배우자의 남자형제	6	0.4573171
	배우자의 여자형제	6	0.4573171
	기타 혈연관계의 친척	17	1.2957317
	기타 혈연관계 아닌 친척	2	0.152439
	친한친구	94	7.1646341
	이웃	48	3.6585366
	직장동료	8	0.6097561
	파출부 또는 파트타임 인부	4	0.304878
	사회복지단체	1	0.0762195
	성직자	2	0.152439
	기타	1	0.0762195

	애인, 이성, 친구	7	0.5335366
	이전 배우자 혹은 관련인	3	0.2286585
	무응답	5	0.3810976
	알 수 없음	2	0.152439
	합계	1,312	100

② 사회적 지원: 아플 때 도움청하는 사람 2

		빈도	유효 퍼센트
유효	없음	117	8.9176829
	배우자	75	5.7164634
	본인의 아버지	52	3.9634146
	본인의 어머니	149	11.356707
	배우자의 아버지	1	0.0762195
	배우자의 어머니	37	2.820122
	딸	144	10.97561
	며느리	29	2.2103659
	아들	121	9.222561
	본인의 남자형제	75	5.7164634
	본인의 여자형제	124	9.4512195
	배우자의 남자형제	3	0.2286585
	배우자의 여자형제	28	2.1341463
	기타 혈연관계의 친척	27	2.0579268
	기타 혈연관계 아닌 친척	10	0.7621951
	친한 친구	176	13.414634
	이웃	93	7.0884146
	직장동료	17	1.2957317
	파출부 또는 파트타임 인부	4	0.304878
	성직자	7	0.5335366
	고용주	1	0.0762195
	정부 또는 공공서비스 기관	2	0.152439
	자조집단	1	0.0762195
	119	1	0.0762195
	애인, 이성, 친구	2	0.152439

	이전 배우자 혹은 관련인	1	0.0762195
	무응답	12	0.9146341
	알 수 없음	3	0.2286585
	합계	1,312	100

③ 사회적 지원: 돈빌릴 때 도움청하는 사람 1

		빈도	유효 퍼센트
유효	없음	92	7.0121951
	배우자	117	8.9176829
	본인의 아버지	114	8.6890244
	본인의 어머니	141	10.746951
	배우자의 아버지	12	0.9146341
	배우자의 어머니	7	0.5335366
	딸	26	1.9817073
	며느리	2	0.152439
	아들	87	6.6310976
	본인의 남자형제	89	6.7835366
	본인의 여자형제	120	9.1463415
	배우자의 남자형제	16	1.2195122
	배우자의 여자형제	14	1.0670732
	기타 혈연관계의 친척	26	1.9817073
	기타 혈연관계 아닌 친척	9	0.6859756
	친한친구	198	15.091463
	이웃	32	2.4390244
	직장동료	21	1.6006098
	성직자	2	0.152439
	고용주	5	0.3810976
	정부 또는 공공서비스기관	2	0.152439
	은행 또는 여타 금융기관	167	12.728659
	사채업자	2	0.152439
	자조집단	1	0.0762195
	애인, 이성, 친구	2	0.152439
	선배	2	0.152439

	이전 배우자 혹은 관련인	4	0.304878
	무응답	1	0.0762195
	알 수 없음	1	0.0762195
	합계	1,312	100

④ 사회적 지원: 돈빌릴 때 도움청하는 사람 2

		빈도	유효 퍼센트
유효	없음	198	15.091463
	배우자	20	1.5243902
	본인의 아버지	84	6.402439
	본인의 어머니	107	8.1554878
	배우자의 아버지	20	1.5243902
	배우자의 어머니	22	1.6768293
	딸	51	3.8871951
	며느리	6	0.4573171
	아들	44	3.3536585
	사위	2	0.152439
	본인의 남자형제	119	9.070122
	본인의 여자형제	139	10.594512
	배우자의 남자형제	35	2.6676829
	배우자의 여자형제	26	1.9817073
	기타 혈연관계의 친척	29	2.2103659
	기타 혈연관계 아닌 친척	6	0.4573171
	친한친구	204	15.54878
	이웃	50	3.8109756
	직장동료	36	2.7439024
	성직자	2	0.152439
	고용주	5	0.3810976
	정부 또는 공공서비스기관	9	0.6859756
	은행 또는 여타금융기관	79	6.0213415
	사채업자	4	0.304878
	자조집단	1	0.0762195
	기타	1	0.0762195

	애인, 이성, 친구	2	0.152439
	선배	1	0.0762195
	후배	1	0.0762195
	무응답	7	0.5335366
	알 수 없음	2	0.152439
	합계	1,312	100

⑤ 사회적 지원: 우울할 때 도움청하는 사람 1

		빈도	유효 퍼센트
유효	없음	62	4.7256098
	배우자	271	20.655488
	본인의 아버지	2	0.152439
	본인의 어머니	34	2.5914634
	배우자의 아버지	1	0.0762195
	딸	31	2.3628049
	며느리	4	0.304878
	아들	23	1.7530488
	본인의 남자형제	21	1.6006098
	본인의 여자형제	89	6.7835366
	배우자의 남자형제	1	0.0762195
	배우자의 여자형제	8	0.6097561
	기타 혈연관계의 친척	7	0.5335366
	기타 혈연관계 아닌 친척	5	0.3810976
	친한 친구	629	47.942073
	이웃	63	4.8018293
	직장동료	32	2.4390244
	사회복지단체	1	0.0762195
	성직자	10	0.7621951
	자조집단	3	0.2286585
	애인, 이성, 친구	6	0.4573171
	선배	2	0.152439
	후배	2	0.152439
	무응답	3	0.2286585

	알 수 없음	2	0.152439
	합계	1,312	100

⑥ 사회적 지원: 우울할 때 도움청하는 사람 2

		빈도	유효 퍼센트
유효	없음	189	14.405488
	배우자	113	8.6128049
	본인의 아버지	13	0.9908537
	본인의 어머니	95	7.2408537
	배우자의 아버지	1	0.0762195
	딸	58	4.4207317
	며느리	10	0.7621951
	아들	44	3.3536585
	본인의 남자형제	74	5.6402439
	본인의 여자형제	138	10.518293
	배우자의 남자형제	12	0.9146341
	배우자의 여자형제	10	0.7621951
	기타 혈연관계의 친척	29	2.2103659
	기타 혈연관계 아닌 친척	9	0.6859756
	친한 친구	269	20.503049
	이웃	102	7.7743902
	직장동료	96	7.3170732
	사회복지단체	2	0.152439
	성직자	14	1.0670732
	동네병원 의사 또는 가정의	1	0.0762195
	정신과의사 또는 전문상담원	4	0.304878
	자조집단	6	0.4573171
	기타	3	0.2286585
	애인, 이성, 친구	5	0.3810976
	선배	4	0.304878
	후배	1	0.0762195
	무응답	7	0.5335366
	DK	3	0.2286585

	합계	1,312	100

자료: ISSP「사회관계와 지원체계 조사」, 2004

※ 설문문항

다음과 같은 상황이 발생했을 때 귀하는 누구에게 가장 먼저 도움을 청하시겠는지 순서대로 두 분만 말씀하여 주십시오.

(1) 감기가 심하게 들어 식사준비나 장보기와 같은 집안일을 부탁할 경우
(2) 갑자기 많은 돈을 빌릴 일이 생길 경우
(3) 낙심하거나 우울해서 누군가와 이야기를 나누고 싶을 경우

Ⅳ. 역능성(Empowerment)

72. 지식에 기반을 둔 사회이동의 정도(공식적 자격(학력)기준)

(a) 학력별 사회이동에 대한 태도(진학률 → 포용성 지표 참조)

구분				전국	초졸 이하	중졸	고졸	대졸 이상
사회적 이동 가능성에 대한 태도	1999	가능성 높다	세대간 이동	41.2	36	37.8	42	46.7
		보통		36.6	31.4	37.3	38.1	38.6
		가능성 낮다		11.2	9.3	12.4	11.6	11.4
		모르겠다		11	23.3	12.5	8.3	3.2
	2003	가능성 높다		45.5	39.1	41	45.5	51.8
		보통		17.9	15.1	18.7	18.3	18.7
		가능성 낮다		19.8	15	19.3	21.5	20.7
		모르겠다		16.8	30.8	21	14.8	8.8
	2006	가능성 높다		39.9	35.3	36.9	38.6	45.4
		가능성 낮다		29	21.8	27.1	31.1	31.2
		모르겠다		31.2	42.9	35.9	30.4	23.4

구분				전국	초졸 이하	중졸	고졸	대졸 이상
사회적 이동 가능성에 대한 태도	1999	가능성 높다	세대내 이동	21.7	19	16.9	20.3	29.7
		보통		42	33.6	40.8	44.4	46.1
		가능성 낮다		25.6	22.4	28.8	27.9	22.3
		모르겠다		10.8	25.1	13.5	7.3	1.9
	2003	가능성 높다		33.1	25.6	28.4	31.7	42
		보통		27.9	26.9	30.6	29.5	25.2
		가능성 낮다		29.3	24.7	29	31.5	29.5
		모르겠다		9.6	22.8	11.9	7.2	3.3
	2006	가능성 높다		27.5	23.4	22.7	24.3	36.2
		가능성 낮다		46.7	35.8	45.7	51	48
		모르겠다		25.7	40.9	31.6	24.7	15.9

출처: 통계청, 「사회통계조사보고서」

※ 설문문항

- 세대간 이동: "우리사회에서 현재의 부모세대에 비해 다음 세대인 자식세대의 사회적 지위가 높아질 가능성은 어느 정도라고 생각하십니까?"
- 세대내 이동: "우리사회에서 일생동안 노력을 한다면 개인의 사회적 지위가 높아질 가능성은 어느 정도라고 생각하십니까?"

(b) 연령계층별 · 교육정도별 실업률 추이

연령 계층별	교육 정도별	2000	2001	2002	2003	2004	2005	2006	2007	2008
경제활동 인구 전체	계	4.4	4	3.3	3.6	3.7	3.7	3.5	3.2	3.2
	초졸이하	2.7	2.2	1.6	1.5	1.9	2.1	1.8	1.6	1.7
	중졸	4.6	4	3	3	3.3	3.3	3	2.8	2.8
	고졸	5.1	4.6	3.7	4.3	4.5	4.6	4.1	3.8	3.8
	대졸이상	4.2	4	3.7	3.6	3.5	3.4	3.4	3.2	3
	전문대졸	6.3	5.7	4.9	5.1	4.7	4.9	4.3	4.5	3.7
	대학교졸 이상	3.3	3.3	3	3	2.9	2.7	2.9	2.6	2.7
20-29세	계	7.5	7.3	6.6	7.7	7.9	7.7	7.7	7.1	7
	초졸이하	17.5	17.2	12.5	11.4	14.5	9.2	15	17	18.3
	중졸	9.5	9.9	9.6	10.3	8.7	13.1	12.8	10.9	10.1
	고졸	7.6	7.3	6.6	8.2	8.9	8.8	8.6	8.2	7.9
	대졸이상	7	6.9	6.4	6.9	6.7	6.5	6.7	6.1	6.2
	전문대졸	8.1	7.5	6.2	7.1	6.7	7	6.2	6.1	6.1
	대학교졸 이상	5.9	6.3	6.7	6.8	6.7	6	7.2	6.2	6.3
20-24세	계	9.9	9.3	7.9	9.6	9.9	9.9	9.9	8.7	9.2
	초졸이하	20	11.1	18.2	22.8	17.8	12.7	13.4	18.8	29.7
	중졸	9.6	10.7	10.7	11.2	10.5	13.1	12.8	12.6	11.6
	고졸	10	9.4	7.9	9.9	10.4	10.5	10.1	9.3	9
	대졸이상	9.5	8.8	7.5	8.7	8.9	8.6	9.4	7.7	9.1
	전문대졸	10.6	9.5	7.2	8.6	8.6	8.1	7.8	6.9	8.1
	대학교졸 이상	7.5	7.4	8.1	9	9.5	9.7	12.5	9.4	10.9
25-29세	계	6	6.1	5.8	6.3	6.5	6.4	6.5	6.3	6
	초졸이하	16	20	15.4	4.9	11	5.5	15.5	15.7	15.1
	중졸	8.5	9.3	8.5	9.4	6.9	13.2	12.9	10.2	9.3
	고졸	5.8	5.7	5.4	6.5	7.5	7.1	7.4	7.2	7
	대졸이상	5.8	6.1	5.8	6.1	5.7	5.6	5.7	5.6	5.3
	전문대졸	6.4	6.2	5.3	6	5.4	6.3	5.3	5.7	5.1
	대학교졸 이상	5.5	6	6.3	6.2	6	5.2	6	5.6	5.4

출처: 통계청 사회통계국 고용통계팀, http://kosis.kr/gen_etl/start_etc.jsp?orgId=101&tblId=DT_1DA7105&scrId

73. 비문해율

(a) 비문해율

조사자(조사시점)	조사대상	문맹률	문해자의 기준
중앙교육연구소(1953)	전국 12세 이상 인구 5.5% 표집	22.10%	한글편지 정도 읽고 쓰기
한국교육개발원 최운실 외(1990)	전국 13세 이상 인구 2,116명 표집	13.70%	초보적인 문자 문해 이상
한국교육개발원 이희수 외(2002)	전국 20세 이상 인구 2,979명 표집	24.80%	초등 6학년 수준

출처: 전은경, 2005: 22

(b) 산문문해 (단위: 점수)

산문문해	5	25	평균	75	95(백분위)
캐나다	144.5	242.6	278.8	321.7	363.4
독일	199.6	245.0	275.9	308.0	3502
아일랜드	159.6	230.6	265.7	307.4	352.3
네덜란드	202.8	257.7	282.7	312.7	349.0
폴란드	115.3	194.4	229.5	272.3	318.1
스웨덴	214.0	271.1	301.3	335.1	381.1
스위스(프랑스어권)	150.8	240.6	264.8	302.6	336.9
스위스(독일어권)	150.3	238.2	263.3	299.2	341.0
미국	136.7	236.7	273.7	320.0	368.1
오스트레일리아	145.1	245.8	274.2	315.7	359.0
벨기에(폴랜더즈어권)	161.0	240.3	271.8	308.8	353.6
뉴질랜드	164.8	240.7	275.2	315.3	362.9
영국	151.2	233.0	266.7	311.0	353.2
칠레	123.4	186.6	220.8	259.1	301.4
체코	195.1	244.1	269.4	299.2	334.0
덴마크	209.5	253.6	275.0	301.0	329.6
핀란드	198.8	259.0	288.0	322.2	360.9
헝가리	162.1	214.3	242.4	274.2	313.3
노르웨이	208.8	264.1	288.5	317.6	351.7
포르투갈	93.3	172.6	222.6	372.7	324.6
슬로베니아	117.9	192.6	229.7	272.8	316.9
스위스(이탈리아어권)	162.8	235.3	264.3	301.9	337.0
한국	171.5	233.8	269.2	305.8	348.3

* 점수범위: 0~500점

출처: 이희수 외, 「한국성인의 문해실태와 OECD 국제비교」, 2003

* 산문문해: 논설, 기사, 시, 소설 등 텍스트 정보를 이해하고 사용하는 데 필요한 지식과 기술(한국=중위권)

(c) 문서문해 (단위: 점수)

산문문해	5	25	평균	75	95(백분위)
캐나다	133.9	243.3	279.3	326.1	377.4
독일	207.2	256.1	285.1	317.8	361.1
아일랜드	146.7	225.3	259.3	300.6	345.3
네덜란드	202.4	260.1	286.9	319.0	355.6
폴란드	85.2	181.1	223.9	274.3	330.2
스웨덴	218.6	276.0	305.6	341.4	386.8
스위스(프랑스어권)	153.8	246.9	274.1	313.5	353.6
스위스(독일어권)	117.1	241.2	269.7	313.2	360.1
미국	125.4	230.1	267.9	315.8	368.0
오스트레일리아	143.7	246.0	273.3	314.1	358.0
벨기에(폴랜더즈어권)	170.4	251.2	278.2	314.2	353.6
뉴질랜드	153.8	233.8	269.1	312.0	360.5
영국	143.3	230.2	267.5	314.4	364.6
칠레	120.4	187.7	218.9	265.7	299.0
체코	190.6	249.9	282.9	318.8	365.8
덴마크	211.5	265.3	293.8	326.6	363.7
핀란드	189.9	257.8	289.2	326.4	372.2
헝가리	146.4	212.5	249.0	287.4	341.2
노르웨이	202.5	268.4	296.9	331.3	369.5
포르투갈	92.7	180.6	220.4	268.6	314.1
슬로베니아	102.1	190.8	231.9	279.5	327.4
스위스(이탈리아어권)	167.6	243.8	271.0	307.6	346.2
한국	141.2	196.7	237.5	274.4	316.4

* 점수범위: 0~500점

출처: 이희수 외, 「한국성인의 문해실태와 OECD 국제비교」, 2003

* 문서문해: 구직원서, 급여양식, 대중교통시간표, 표, 그래프 등 문서정보 찾고 사용하는 데 필요한 지식과 기술(한국=하위권)

(d) 수량문해

수량문해	5	25	평균	75	95(백분위)
캐나다	155.1	246.8	281.0	323.0	375.6
독일	217.8	265.0	293.3	323.7	366.5
아일랜드	146.2	226.4	264.6	308.8	360.7
네덜란드	200.9	260.8	287.7	319.5	359.4
폴란드	97.6	192.9	234.9	286.2	334.9
스웨덴	215.9	275.6	305.9	342.0	390.7
스위스(프랑스어권)	145.7	257.7	280.1	319.6	356.7
스위스(독일어권)	146.1	252.1	278.9	318.4	357.2
벨기에(플랜더즈어권)	158.4	249.9	282.0	322.6	369.3
뉴질랜드	154.1	236.6	270.7	312.7	360.0
영국	141.5	230.5	267.2	314.1	362.0
칠레	837.0	166.5	208.9	257.9	312.5
체코	198.1	265.9	298.1	334.1	381.5
덴마크	219.0	272.1	298.4	329.5	366.5
핀란드	197.1	258.5	286.1	318.4	356.9
헝가리	162.9	235.2	269.9	310.4	357.7
노르웨이	208.9	269.1	296.8	328.8	367.0
포르투갈	103.0	185.3	231.4	280.0	326.2
슬로베니아	106.2	200.7	242.8	292.0	340.1
스위 스(이탈리아어 권)	159.5	241.4	274.4	314.0	354.7
한국	173.9	244.7	276.9	312.3	360.4

* 점수범위: 0~500점

출처: 이희수 외,「한국성인의 문해실태와 OECD 국제비교」, 2003

* 수량문해: 금전출납부, 팁, 계산, 주문양식 완성, 대출이자 계산 등 인쇄 자료에 포함된 숫자를 계산하거나 수학공식을 적용하는 지식과 기술(한국=중상위권)

74. 미디어의 자유로운 이용 가능성

(a) 한국의 언론자유도 순위 (단위: 순위/조사대상 국가 수)

년도	순위
2002	39/139
2003	49/166
2004	48/167
2005	34/167
2006	31/168
2007	39/169
2008	36/173

source: Reporters without Borders, Annual Worldwide Press Freedom Index, on http://www.rsf.org

75. 인터넷 억세스

연도	초고속인터넷 가입자수	가입률(인구 만 명당)
2000	3,870,293	823.3
2001	7,805,515	1,648.20
2002	10,405,486	2,185.00
2003	11,178,499	2,335.70
2004	11,921,439	2,481.60
2005	12,190,711	2,532.40
2006	14,042,698	2,907.60

출처: 정보통신부

76. 사회적 서비스에 대한 정보를 여러 언어로 제공하는가

(a) 국내외국인유형별구성(2007)

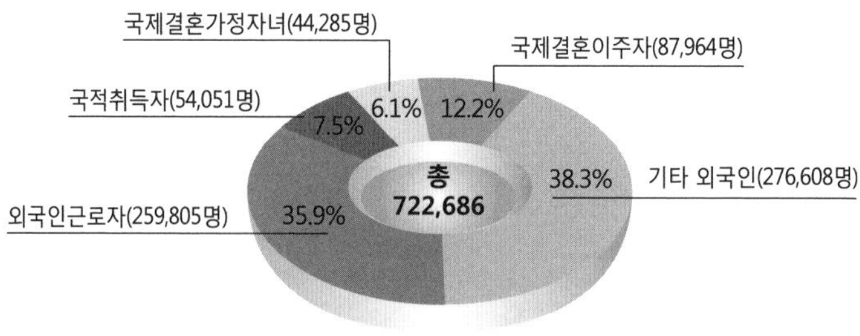

자료: 행정자치부, 지자체별 외국인주민 실태조사 결과 발표, 2007

출처: 국가기록원 대통령 기록관 국정브리핑(2007): 통계로 본 세상
http://korea.pa.go.kr/newsWeb/appmanager/portal

(b) 국내외국인유형별증감추이(2006-2007)

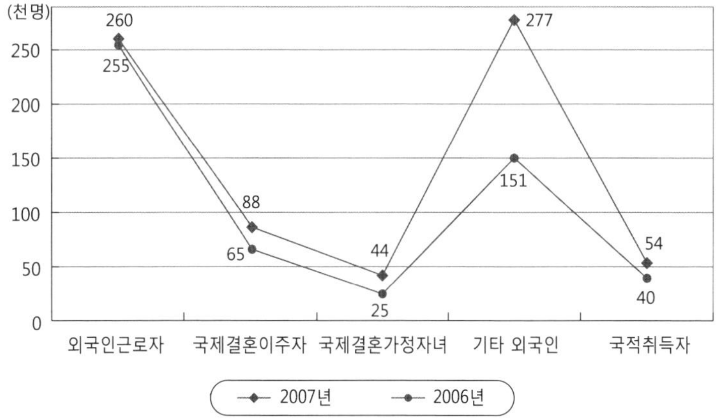

자료: 행정자치부, 지자체별 외국인주민 실태조사 결과 발표, 2007
출처: 국가기록원 대통령 기록관 국정브리핑(2007년): 통계로 본 세상
http://korea.pa.go.kr/newsWeb/appmanager/portal

(c) 국내외국인유형별국적분포(2007)

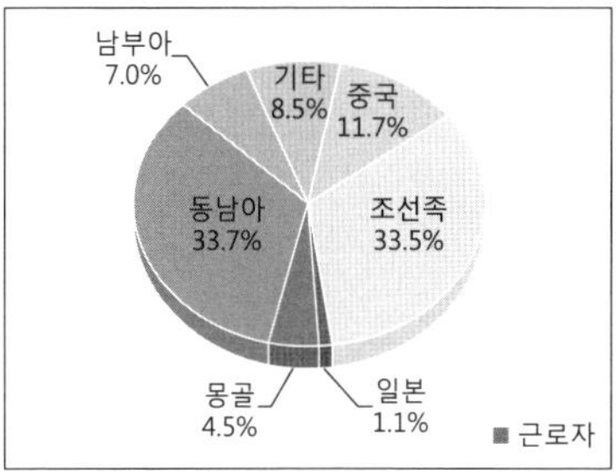

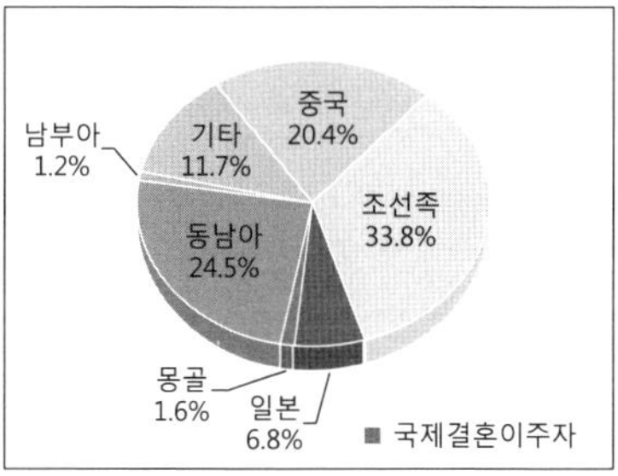

자료: 행정자치부(2007) 지자체별 외국인주민 실태조사 결과 발표
출처: 국가기록원 대통령 기록관 국정브리핑(2007년): 통계로 본 세상
http://korea.pa.go.kr/newsWeb/appmanager/portal
* 외국인근로자N=259805/국제결혼이주자N=87964

77. 변호, 상담, 안내 센터의 자유로운 이용가능성

(a) 여성긴급전화(1366)

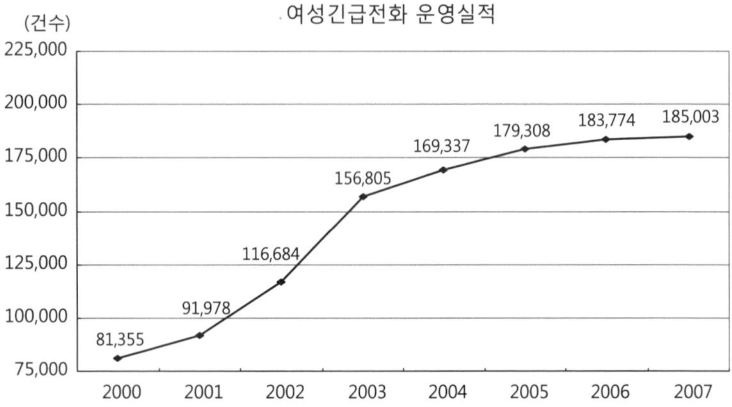

	합계		전문상담 기관안		복지시설 입소안내		현장출동 협조요청		상담위로 정보 제공		2차 상담 권고		긴급피난처 피신 등	
	건수	비중	건수	비중	건수	비중	건수	비중	건수	비중	건수	비중	건수	비중
2000	81,355	100	24,398	30	3,670	4.5	489	0.6	35,438	43.6	6,972	8.6	10,343	12.7
2001	91,978	100	30,191	32.8	3,654	4	483	0.5	38,849	42.2	5,885	6.4	12,916	14.1
2002	116,664	100	44,821	38.4	3,366	2.9	502	0.4	40,592	34.8	7,183	6.2	20,200	17.3
2003	156,805	100	54,290	34.6	5,048	3.2	864	0.6	50,936	32.5	7,703	4.9	37,964	24.2
2004	169,337	100	39,627	23.4	8,924	5.3	726	0.4	49,906	29.5	11,403	6.7	58,751	34.7
2005	179,308	100	45,103	25.2	9,278	5.2	878	0.5	60,337	33.6	13,922	7.8	49,790	27.7
2006	183,774	100	52,071	28.3	9,895	5.4	669	0.3	73,623	40.1	12,194	6.6	35,322	19.3
2007	185,003	100	57,928	31.3	9,971	5.4	647	0.3	65,424	35.4	14,129	7.6	36,904	19.9

출처: 여성부, 『여성폭력관련시설 운영실적』, 2008

(b) 성폭력 관련 시설 운영 실적

구분	상담건수				피해자 유형			
	전체		강간		성추행		기타	
	건수	비중	건수	비중	건수	비중	건수	비중
2002	48,112	100	15,841	32.9	10,974	22.8	21,297	44.3
2003	51,431	100	16,165	31.4	12,904	25.1	22,362	43.5
2004	23,284	100	9,669	41.5	9,240	39.7	4,375	18.8
2005	27,241	100	12,615	46.3	10,220	37.5	4,406	16.2
2006	27,286	100	11,588	42.5	10,714	39.3	4,984	18.2
2007	25,443	100	9,286	36.5	9,720	38.2	6,437	25.3

피해자 연령									
유아		어린이		청소년		성인		미상	
건수	비중	건수	비중	건수	비중	건수	비중	건수	비중
1,511	3.1	4,087	8.5	11,635	24.2	30,879	64.2	–	–
2,201	4.3	4,781	9.3	10,742	20.9	32,877	63.9	830	1.6
1,063	4.6	2,450	10.5	6,071	26.1	11,899	51.1	1,801	7.7
1,018	4.2	2,885	11.9	6,528	27	11,445	47.4	2,293	9.5
1,106	4.1	2,971	10.9	6,176	22.6	14,909	54.6	2,124	7.8
694	2.7	2,479	9.8	6,202	24.4	13,121	51.5	2,947	11.6

출처: 여성부, 『여성폭력관련시설 운영실적』, 2008

(c) 성폭력 상담소 운영실적

연도말 기준, (단위: 개소, 건, 명)

연도별	개소수	상담실적			개소당 평균상담실적
		계	성폭력상담	기타상담	
2005년	172	132,201	46,212	85,989	769
2006년	202	119,655	57,865	61,790	592
2007년	202	124,591	58,628	65,963	617

출처: 여성부, 『여성폭력관련시설 운영실적』, 2008

* 성폭력상담소(통합상담소포함)와 장애인전문성폭상담소 실적 포함

(d) 가정폭력 상담소 운영실적: 조치

구분	피해자												가해자					
	피해자계		상담후 귀가		의료지원		복지시설입소		법적지원법적상담		기타		가해자 계		선도면담 등		타기관의뢰	
	건수	비중	건수	비중	건수	비중	건수	비중	건수	비중	건수	비중	건수	비중	건수	비중	건수	비중
2002	177,413	100	109,329	61.6	3,111	1.8	3,542	2	–	–	61,431	34.6	14,637	100	13,853	94.6	784	5.4
2003	195,286	100	122,113	62.5	2,167	1.1	3,851	2	2,607	1.3	64,548	33.1	12,223	100	10,880	89	1,343	11
2004	112,790	100	69,573	61.7	1,936	1.7	3,420	3	34,711	30.8	3,150	2.8	22,148	100	21,489	97	659	3
2005	139,407	100	82,442	59.1	8,888	6.4	3,322	2.4	39,726	28.5	5,029	3.6	39,507	100	37,862	95.8	1,645	4.2
2006	167,362	100	96,692	57.8	3,084	1.9	4,670	2.8	57,995	34.6	4,921	2.9	52,943	100	52,209	98.6	734	1.4
2007	167,623	100	104,279	62.2	3,486	2.1	3,472	2.1	46,746	27.9	9,640	5.7	51,480	100	49,973	97.1	1,507	2.9

출처: 여성부, 「여성폭력관련시설 운영실적」, 2008

(e) 가정폭력삼당소 운영실적: 시설, 건수, 인원

연도말 기준, (단위: 개소, 건, 명)

연도별	개소수	종사자수			상담실적(건)			평균상담실적	
		계	상근직	비상근 자원봉사자	계	가정폭력	기타	개소당	상담원 1인당
2005	297	675	675	–	226,601	111,191	115,410	763	336
2006	372	2,311	815	1,496	283,705	138,949	144,756	763	348
2007	316	2,828	902	1,926	295,825	135,386	160,439	939	328

출처: 여성부, 『2007년 여성폭력 관련시설 운영실적』, 2008

78. 노동력 가운데 노동조합원의 비율(공공부문과 민간부문 구별)

노동조합 조직률

연 도	단위노동조합수(개소)	노동조합원수(1,000명)	노동조합조직률(%)
1982	2,194	984	20.2
1983	2,238	1,010	19.4
1984	2,365	1,011	18.1
1985	2,534	1,004	16.9
1986	2,658	1,036	16.8
1987	4,086	1,267	18.5
1988	5,598	1,707	19.5
1989	7,861	1,932	19.8
1990	7,698	1,887	18.4
1991	7,656	1,803	17.2
1992	7,531	1,735	16.4
1993	7,147	1,667	15.6
1994	7,025	1,659	14.5
1995	6,606	1,615	13.8
1996	6,424	1,599	13.3
1997	5,733	1,484	12.2
1998	5,560	1,402	12.6
1999	5,637	1,481	11.9
2000	5,698	1,527	12
2001	6,150	1,569	12
2002	6,506	1,538	11
2003	6,257	1,550	11
2004	6,017	1,537	10.6
2005	5,971	1,506	10.3

출처: 노동부, 『전국노동조합조직현황』; 노동부, 『노동통계연감』, 2005

79. 단체협약 적용 범위(공공부문과 민간부문 구별)

단체협약 적용 범위

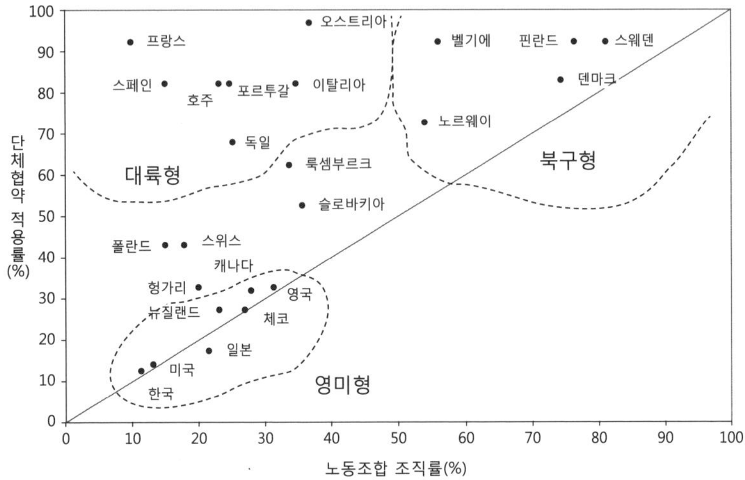

자료: 2001 Labour Force Survey, http://www.dti.ul/er/emar/artic_02.pdf
출처: Hacking(2005) "Social Quality: The British National Report," pp.56
유형 구분은·임영일, 2007: 240 참조.

80. 취업자 가운데 재직직업훈련자 비율

(a) 재직자 향상 훈련 (단위: 천명(%), 억원)

훈 련 명		총 계	1. 실업대책훈련	(1) 재취업훈련	(2) 인력개발	2. 재직자향상훈련
2000년	인원	1,516(6.9)	216	189(20.7)	27	1,239(5.9)
	예산	7,629	3,384	2,845	539	1,751
2001년	인원	1,871(8.3)	189	158(18.7)	31	1,617(7.5)
	예산	7,186	2,739	2,053	686	2,170
2002년	인원	1,900(8.3)	152	129(18.2)	23	1,675(7.6)
	예산	8,009	2,898	2,143	755	2,951
2003년	인원	1,873(8.2)	110	87(11.2)	23	1,725(7.8)
	예산	7,625	2,727	1,814	913	2,554
2004년	인원	2,134(9.1)	109	82(10.1)	27	2,003(8.9)
	예산	5,621	3,074	1,889	1,185	2,121

자료 출처: 한국교육고용패널조사-인적자원의 개발(국가인적자원개발종합정보망 http:/www.hrd.go.kr)
괄호: 재취업훈련 비율, 재직향상훈련 비율. 각각 15세 이상 경제활동인구수와 취업자수를 분모로 계산한 것이다.

(b) 임금근로자 직업 훈련 참여 경험(%)

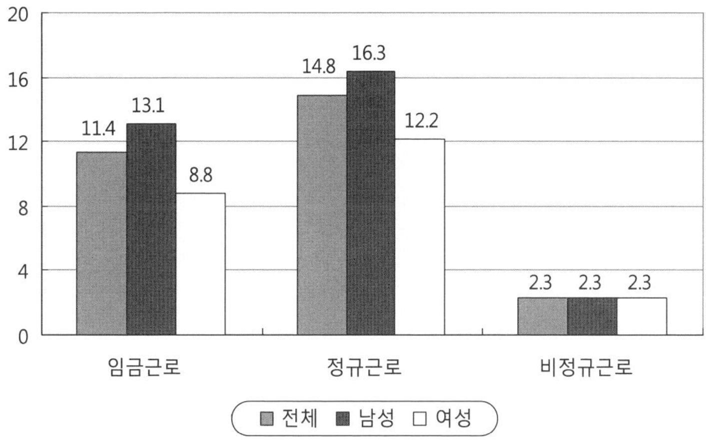

출처: 한국노동패널조사(2004): 임금근로자 직업 훈련 참여 경험
전체 N은 확인불가(패널조사 과정에서 발표하지 않았기 때문에 생략해야 할 듯)

81. 공공직업훈련을 이용하고 있는 노동력의 비율. 가능하면 비용도 훈련비용도 기술

자료 없음

82. "재취업 프로그램"에 참여하고 있는 노동력의 비율

자료 없음

83. 일과 삶의 균형 정책을 실시하고 있는 조직들의 비율

(a) 주 40시간 근로제도 시행 일정

2004. 7. 1	금융보험, 공공부문, 1,000인 이상 사업장
2005. 7. 1	300인 이상 사업장
2006. 7. 1	100인 이상 사업장
2007. 7. 1	50인 이상 사업장
2008. 7. 1	20인 이상 사업장
2011년을 기한으로 대통령령으로 정함	20인 미만 사업장 및 국가지자체의 기관

출처: 노동부

(b) 보육시설 및 보육아동수: 전국 및 직장 (단위: 개소, 명)

	전체(A)		직장(B)	
	시설수	아동수	시설수	아동수
1996	12,098	403,001	117	3,596
1997	15,375	520,959	158	5,245
1998	17,605	556,957	184	5,823
1999	18,768	640,915	207	7,278
2000	19,276	686,000	204	7,807
2001	20,097	734,192	196	7,881
2002	22,147	800,991	199	8,730
2003	24,142	858,345	236	10,391
2004	26,903	930,252	243	11,787
2005	28,367	989,390	263	12,985
2006	29,233	1,040,361	298	14,538

자료: 여성가족부 보육지원과

출처: 통계청, 「2007년도 한국의 사회지표」, 〈보육시설 및 보육 아동수〉에서 구성

84. 일과 삶의 균형 제도를 실제 사용하는 취업자의 비율

(a) 육아휴직급여 실시현황 (단위: 명, 백만원, %)

	신규수급자	육아휴직급여액
2002	3,685	3,033
2003	6,712	10,443
2004	9,122	20,478
2005	10,496	27,755
2006	13,440	33,990
증감[1)]	9,755	30,957
증감률[2)]	264.7	1020.7

주: 1) 증감=2006년-2002년

2) 증감률=(2006년-2002년)/2002년×100

자료: 한국고용정보원, 『고용보험통계연보』

(b) 자녀의 양육실태(복수응답) (단위: %)

	자녀의 부모	자녀의 조부모	가족, 친인척	파출부, 가정부	혼자 또는 아동 끼리 보냄	유치원 종일제[3]	유치원 반일제	보육 시설 종일제[3]	보육 시설 반일제	학원	방과후 교실	기타
2002	62.6	–	14.8	1	6.9	5.3	–	7.5	–	14.1	–	0.1
2005	60.5	14.2	2.8	1	9.2	4.1	9.7	6.7	7.3	33.1	4.3	0.1
자녀 어머니 취업여부												
전일제 취업	27	27.6	5.2	2.1	17.5	6.3	6.4	11.7	5.6	38.1	6.7	0.2
시간제 취업	59.4	13.1	3.1	0.9	11.2	5.6	10	6.1	6.7	43	5.9	0.2
전업 주부	85	4	1.1	0.3	2.7	2.3	12.1	3	8.5	28.7	2.4	0.1

자료: 통계청, 『사회통계조사보고서』, 각년도

주: 10세 이하 자녀에 대한 자료임.

2002년도의 경우: 가족, 친인척=자녀의 조부모 포함.

유치원 및 보육시설 종일제: 반일제 포함.

기타=방과후 교실 포함.

85. 심의와 직접 민주주의 과정들의 존재(예, 국민투표)

한국의 직접민주주의 관련 제도

2000년(조례의 재·개정 참여)	주민발의제도
2000년	주민감사청구법
2004년(정책결정참여)	주민투표법
2007년(선출직 공무원의 민주성·책임성제고)	주민소환제도

86. 주요한 경제적 의사결정에 대한 주민 참여 사례 숫자(예: 기업이전, 역내투자, 공장폐쇄에 관한 공청회)

(a) 국내 외국인의 직접투자 잔액의 연도별 추이

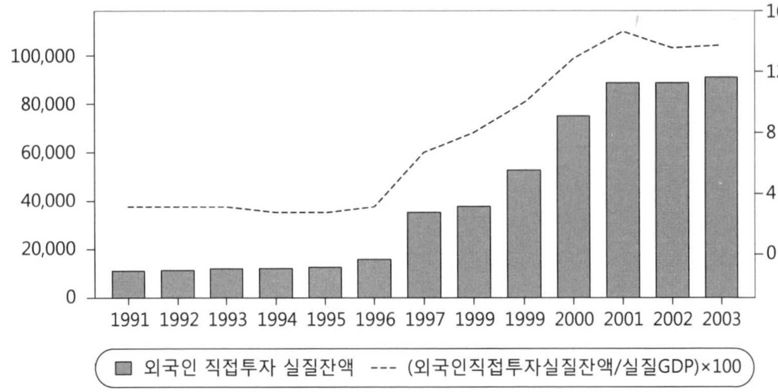

자료: 외국인직접투자-산업자원부. 총고정자본형성-한국은행 국민계정
출처: 안정화, 2007: 124

(b) 한국의 해외직접투자 잔액의 분기별 추이

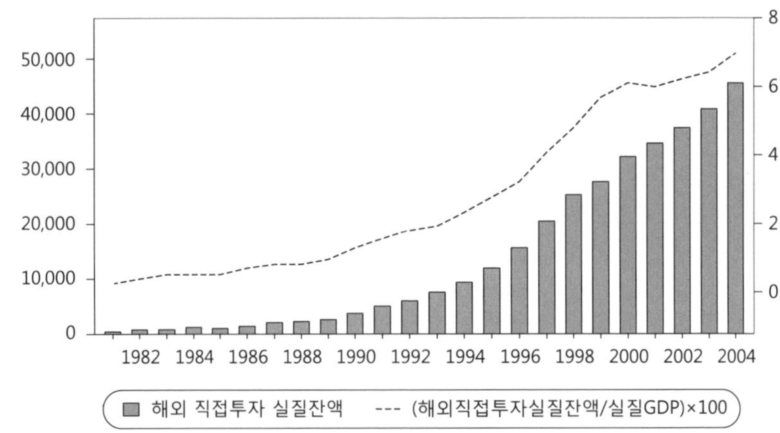

자료: 외국인직접투자-산업자원부. 총고정자본형성-한국은행 국민계정
출처: 안정화, 2007: 125

87. 직장위원회(work councils)가 있는 조직/기관의 비율

(a) 근로자참여 및 협력증진에 관한 법률(1997년 제정, 1999년 일부 개정)에 따라 노사협의회가 근로자 참여 및 협력 증진 기구의 법률적 위상 획득

(b) 노조유무별 노사협의회 설치율 추이: 1990-2005 (단위: 개, %)

노사협의회 설치		설치	비설치	전체
노조유	1990	205(100.0)	0(0.0)	205(100.0)
	1995	135(100.0)	0(0.0)	135(100.0)
	2000	90(100.0)	0(0.0)	90(100.0)
	2005	960(92.9)	73(7.1)	1,033(100.0)
노조무	1990	80(100.0)	0(0.0)	80(100.0)
	1995	165(100.0)	0(0.0)	165(100.0)
	2000	210(100.0)	0(0.0)	210(100.0)
	2005	774(88.6)	100(11.4)	874(100.0)
전체	1990	274(100.0)	0(0.0)	274(100.0)
	1995	300(100.0)	0(0.0)	300(100.0)
	2000	300(100.0)	0(0.0)	300(100.0)
	2005	1,734(90.9)	173(9.1)	1,907(100.0)

출처: 노동부, 『노사협의회 운영실태 조사 및 개선 방안 연구』, 2007

주: 1990년의 경우 설치연도가 확인되지 않은 11개 업체는 전체에서 제외

(c) 노사협의회 협의사항에 대한 근로자 참여 수준 변화추이: 1990 및 2005

( )는 근로자측 %

협의사항	참여 수준						
	연도		합의(4)	협의(3)	의견청취(2)	설명(1)	다루지 않음 (0)
1. 생산성	1990	생산성 향상의 추진	11.1(10.5)	31.0(30.4)	26.2(22.1)	18.1(18.8)	13.7(18.1)
	1995	생산성향상	10.1	29	20.6	22.3	18.1
	2000	생산성 향상의 추진	17.8	43.3	26		12.9
		신기계, 신기술의 도입	9	30.5	29.8		30.7
		작업공정 개선	18	44	22.1		15.9
	2005	생산성 향상과 성과배분	6.2(6.3)	13.8(14.5)	52.3(52.4)	27.7(26.8)	–
2. 복지증진	1990	근로자복지시설 및 제도	33.6(33.1)	44.3(48.0)	13.6(9.6)	5.8(4.6)	1.8(4.6)
	1995	근로자 복지증진	22	40.9	20.6	11.9	4.5
	2000	근로자 복지증진	28.5	45.8	17.1		8.5
	2005	근로자의 복지증진 (복지시설 등)	8.1(9.2)	18.0(18.0)	60.4(57.3)	13.5(15.6)	–
3. 교육훈련 등	1990	근로자 교육훈련/능력개발	5.5(6.4)	13.1(21.1)	23.6(20.0)	27.6(21.4)	30.2(31.1)
	1995	근로자 교육·훈련	4.6	16.9	17.3	25.8	35.4
	2000	근로자 채용, 배치 및 교육훈련	16.3	39.2	26.9		17.5
	2005	근로자의 모집, 배치 및 교육훈련	2.3(6.3)	10.1(14.5)	53.2(52.4)	34.4(26.8)	–
4. 안전·보건 등	1990	안전·보건 및 작업환경	26.8(30.5)	47.5(45.0)	13.2(12.1)	8.9(6.4)	3.6(6.0)
	1995	–	–	–	–	–	–
	2000	안전, 보건 및 작업환경 개선과 근로자 건강증진*	27	45.6	18.3		9.1
		작업수칙 제정 및 개정	18.7	40	21.6		19.7
		작업 및 휴식시간 운영	29.1	40.7	16.8		13.4
	2005	안전보건 기타 작업환경 개선	3.9(5.7)	13.6(15.3)	62.1(56.7)	20.4(22.2)	–

<table>
<tr><th rowspan="2">협의사항</th><th colspan="7">참여 수준</th></tr>
<tr><th colspan="2">연도</th><th>합의(4)</th><th>협의(3)</th><th>의견청취(2)</th><th>설명(1)</th><th>다루지 않음(0)</th></tr>
<tr><td rowspan="5">5. 인사·노무관리 및 임금</td><td>1990</td><td>인사·노무관리제도(승진·승급)</td><td>6.1(6.8)</td><td>12.5(20.4)</td><td>13.2(11.8)</td><td>23.6(18.9)</td><td>44.6(42.1)</td></tr>
<tr><td>1995</td><td>인사·노무관리의 제도개선</td><td>7</td><td>26.6</td><td>13.3</td><td>18.5</td><td>34.6</td></tr>
<tr><td rowspan="2">2000</td><td>인사, 노무관리상의 제도개편</td><td>19.2</td><td>43.6</td><td colspan="2">21.2</td><td>16.1</td></tr>
<tr><td>임금지불방법, 체계, 구조 등의 제도개선*</td><td>29.3</td><td>38.7</td><td colspan="2">17.8</td><td>14.2</td></tr>
<tr><td>2005</td><td>임금의 지불방법·체계·구조 개선</td><td>13</td><td>17.5</td><td>51</td><td>18.5</td><td>–</td></tr>
<tr><td>6. 노사분규 예방</td><td>1995</td><td>노사분규 예방</td><td>17.5</td><td>28.3</td><td>14</td><td>9.1</td><td>31.1</td></tr>
<tr><td>7. 고충처리</td><td>1995</td><td>근로자 고충처리</td><td>20.3</td><td>29.4</td><td>28.7</td><td>8.4</td><td>13.3</td></tr>
</table>

출처: 노동부, 『노사협의회 운영실태 조사 및 개선 방안 연구』, 2007

설명: 1) 1990년과 1995년은 합의, 협의, 의견청취, 설명 그리고 다루지 않음 등의 5개로 구분했으나 2005년의 경우는 4개로 구분하였음

2) 1995년의 설문은 사측에게만 물었음

3) 각각의 설문에 대한 전체 응답한 사업장 수는 다음과 같다. 1990년(285개), 1995년(300개), 2000년(330개), 2005년(300개)

※ 설문문항

근로자측이 어느 정도 참여하는가에 따라

합의(노사가 협의하여 의견의 일치를 보아 실시한다)

협의(노사가 협의하여 의견과 일치를 보지 못할 경우 회사의 책임으로 실시한다)

의견청취(회사가 설명하고 근로자들의 의견을 청취한다)

설명(회사가 정보를 줄 뿐이다)

다루지 않음 등의 5개 수준으로 조사하고 있다.

(d) 노사협의회 보고사항에 대한 근로자 참여 수준 변화추이: 1990-2005

( )는 근로자측 %

<table>
<tr><th rowspan="2">보고사항</th><th colspan="7">참여 수준</th></tr>
<tr><th colspan="2">연도</th><th>합의(4)</th><th>협의(3)</th><th>의견청취(2)</th><th>설명(1)</th><th>다루지않음(0)</th></tr>
<tr><td rowspan="6">1. 경영계획</td><td>1990</td><td>경영계획 및 방침</td><td>4.3(4.0)</td><td>7.9(10.1)</td><td>25.1(25.5)</td><td>39.8(37.4)</td><td>22.9(23.0)</td></tr>
<tr><td rowspan="2">1995</td><td>경영계획</td><td>2.4</td><td>7.3</td><td>17.8</td><td>28.7</td><td>43.7</td></tr>
<tr><td>경영실적</td><td>1.4</td><td>8.4</td><td>22</td><td>37.8</td><td>30.4</td></tr>
<tr><td>2000</td><td>경영계획 전반 및 실적에 관련된 사항</td><td>52(9.7)</td><td>129(24.1)</td><td colspan="2">263(49.1)</td><td>92(17.2)</td></tr>
<tr><td>2005</td><td>경영계획의 전반 및 실적</td><td>1.9(2.3)</td><td>7.8(9.0)</td><td>35.0(34.4)</td><td>55.3(54.2)</td><td>-</td></tr>
<tr><td colspan="7"></td></tr>
<tr><td rowspan="6">2. 생산계획</td><td>1990</td><td>생산계획</td><td>11.0(10.9)</td><td>16.2(21.4)</td><td>14.7(18.8)</td><td>27.9(23.6)</td><td>20.2(25.4)</td></tr>
<tr><td rowspan="2">1995</td><td>생산계획</td><td>8.8</td><td>23.8</td><td>15.8</td><td>30.8</td><td>20.8</td></tr>
<tr><td>생산실적</td><td>7</td><td>18.1</td><td>18.1</td><td>36.2</td><td>20.6</td></tr>
<tr><td rowspan="2">2000</td><td>분기별생산계획과</td><td rowspan="2">13.9</td><td rowspan="2">26.2</td><td rowspan="2" colspan="2">44.8</td><td rowspan="2">15.1</td></tr>
<tr><td>실적에 관한 사항</td></tr>
<tr><td>2005</td><td>분기별 생산계획과 실적</td><td>1.3(2.5)</td><td>6.8(8.5)</td><td>39.1(37.7)</td><td>52.9(51.4)</td><td>-</td></tr>
<tr><td rowspan="3">3. 인력운용계획</td><td>1990</td><td>인력운용계획</td><td>8.5(11.2)</td><td>21.3(25.6)</td><td>18.0(15.5)</td><td>31.3(22.4)</td><td>21.0(25.3)</td></tr>
<tr><td>2000</td><td>인력계획</td><td>13.5</td><td>34.4</td><td colspan="2">32.2</td><td>20</td></tr>
<tr><td>2005</td><td>구조조정에 따른 인력계획</td><td>7.9(6.9)</td><td>11.5(10.4)</td><td>45.8(46.7)</td><td>34.8(36.0)</td><td>-</td></tr>
<tr><td rowspan="4">4. 재무구조</td><td>1990</td><td>회사의 업적 및 재정상태</td><td>3.6(3.3)</td><td>8.3(10.1)</td><td>20.9(19.2)</td><td>56.7(48.9)</td><td>10.5(18.5)</td></tr>
<tr><td>1995</td><td>경제적·재정적 상황</td><td>0.3</td><td>8.7</td><td>17.8</td><td>33.2</td><td>33.2</td></tr>
<tr><td>2000</td><td>회사의 경제적·재정적 상황</td><td>7.1</td><td>19.6</td><td colspan="2">55.8</td><td>17.5</td></tr>
<tr><td>2005</td><td>기업의 재무구조</td><td>1.5(1.4)</td><td>5.8(6.9)</td><td>32.4(31.8)</td><td>60.3(59.9)</td><td>-</td></tr>
</table>

출처: 노동부, 『노사협의회 운영실태 조사 및 개선 방안 연구』, 2007

주: 2000년의 경우는 4점 척도로 하되 '의결', '협의', '보고', '다루지 않음' 등으로 구성하였음.

88. 자발적인 비영리 시민발의를 위해 배정된 전국 및 지방 수준 공공예산의 비율

비영리민간단체 지원사업 연도별 신청 및 선정현황

연도	구분	신청현황			선정현황		
		단체수(단체)	사업수(건)	금액(억원)	단체수(단체)	사업수(건)	금액(억원)
1999년	계	2,340	3,206	1,682	1,640	1,838	150
	행정안전부	316	433	916	123	140	75
	시·도	2,024	2,773	766	1,517	1,698	75
2000년	계	2,232	2,683	939	1,491	1,612	150
	행정안전부	340	432	609	151	195	75
	시·도	1,892	2,251	330	1,340	1,417	75
2001년	계	2,277	2,607	675	1,688	1,790	150
	행정안전부	268	412	390	166	216	75
	시·도	2,009	2,195	285	1,522	1,574	75
2002년	계	2,250	2,539	577	1,804	1,890	150
	행정안전부	266	393	312	175	237	75
	시·도	1,984	2,146	265	1,629	1,653	75
2003년	계	2,316	2,557	580	1,741	1,806	150
	행정안전부	305	474	344	178	237	75
	시·도	2,011	2,083	236	1,563	1,569	75
2004년	계	2,216	2,432	500	1,413	1,442	100
	행정안전부	282	434	277	126	154	50
	시·도	1,934	1,998	223	1,287	1,288	50
2005년	계	2,225	2,429	516	1,430	1,458	99
	행정안전부	305	492	290	130	158	49
	시·도	1,920	1,937	226	1,300	1,300	50
2006년	계	2,156	2,335	466	1,313	1,335	99
	행정안전부	321	461	248	129	148	49
	시·도	1,835	1,874	218	1,184	1,187	50
2007년	계	2,092	2,243	404	1,284	1,315	99
	행정안전부	269	371	218	129	155	49
	시·도	1,823	1,872	186	1,155	1,160	50
2008년	계	2,141	2,167	472	1,150	1,166	99
	행정안전부	383	399	267	117	133	49
	시·도	1,758	1,768	205	1,033	1,033	50

자료: 행정안전부 재난안전실

89. 지난 12개월간 일어난 전체 시위·행진(개최+금지) 가운데 금지된 것의 비율

불법 및 과격 시위

구분	집회·시위 횟수	불법·폭력 시위	화염병 횟수	시위 개수	최루탄 횟수	사용 개수		부상자
1998	7,684	67	3	170	3,403	37,246	870	166
1999	11,750	129	7	613	–	–		484
2000	13,012	105	7	746	–	–		311
2001	13,083	215	23	2,453	–	–		304
2002	10,165	118	8	457	–	–		287
2003	11,837	134	14	2,223	–	–		749
2004	11,338	91	3	105	–	–		621
2005	11,306	77	5	99	–	–		893
2006	10,368	62	3	8	–	–		817
2007	11,904	64	–	–	–	–		202

출처: 사이버 경찰청 통계자료실, http://www.police.go.kr/infodata/pds_07_totalpds_06_01.jsp

90. 모든 문화활동을 위해 배정된 지방 및 전국 수준의 예산 비율

(a) GDP대비 정부 문화·여가예산 지출 국제비교(2005, %)

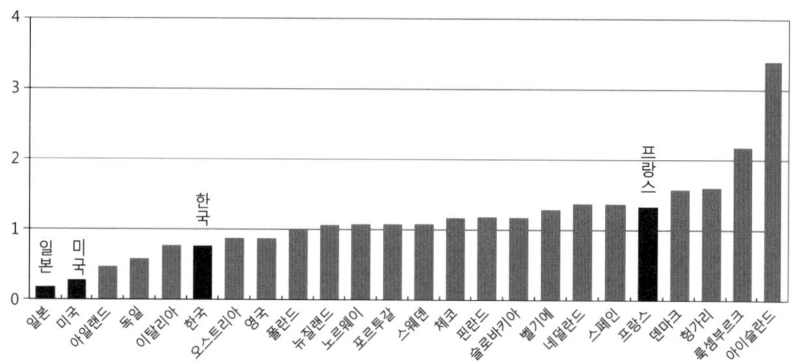

출처: OECD Factbook 2008: Economic Environmental and Social Statistics

(b) 정부 및 지자체 문화예산 추이

① 문화관광부 최근 5년간 부문별 재정추이 (단위: 억원, %)

구분	2003년	2004년	2005년	2006년	2007년	연평균 증가율
합계(지출규모)	18,891	19,043	21,234	23,073	22,660	47
–예산	11,217	11,584	11,741	12,948	12,681	31
–기금	7,674	7,459	9,493	10,125	9,979	68
문화관광부소관	18,891	19,043	21,234	23,073	22,660	47
–문화예술부문	8,115	8,671	9,697	10,552	9,440	39
–관광부문	4,806	5,291	6,297	6,381	6,649	85
–체육부문	4,190	3,207	3,376	4,090	4,419	18
–문화 및 관광 일반부문	1,780	1,874	1,864	2,050	2,152	49

※ 문화관광분야에서 문화재청 및 방송위원회 제외, 내부거래 및 보전지출 제외

※ 문화예술부문은 문화정책, 예술, 문화산업, 미디어, 종무, 국립문화예술기관을 포괄함

② 정부예산대비 문화관광부 예산 점유율 변화 (단위: 억원, %)

구분	2003년	2004년	2005년	2006년	2007년	연평균증가율
점유율(A/B)	0.98	0.84	0.80	0.84	0.77	△5.9
문화관광부예산(A)	11,217	11,584	11,741	12,948	12,681	3.1
정부예산(B)	1,146,271	1,372,700	1,474,281	1,537,026	1,641,435	9.4

※ 국가재정운용계획에 의한 지출규모 기준, 내부거래 및 보전지출 제외

※ 예산기준: 일반회계+특별회계

③ 지자체 문화예산 현황 (단위: 억원)

연도	지자체 전체예산	문화예산		분야별예산			
			%	문예진흥	문화산업	관광	문화재
2003	973,503	18,508	19	8,880	816	5,124	3,688
2004	971,778	22,782	23	11,518	838	6,213	4,213
2005	1,058,547	25,066	24	12,540	1,669	6,285	4,572
2006	1,177,253	24,568	21	13,397	1,756	5,902	3,513
2007	1,270,918	30,167	24	16,144	1,622	6,593	5,808

출처: 문화관광부, 『문화백서』, 2008

91. 자발적으로 조직된 문화단체와 활동 숫자

(a) 주요 활동 분야별로 본 한국 시민단체의 의사성장곡선(설립년도기준)

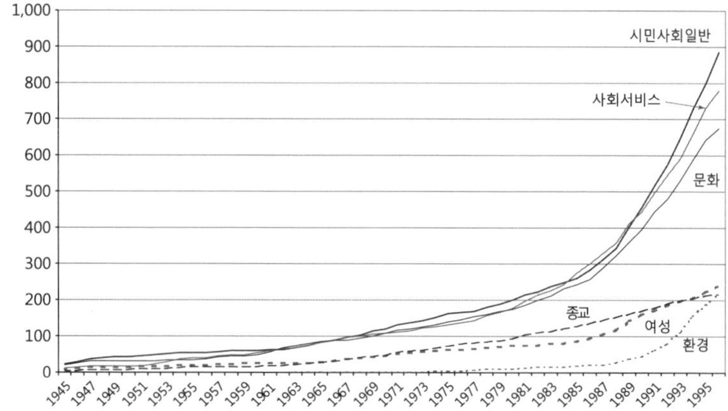

자료: 한국민간단체총람

출처: 신동준·김광수·김재온, 2005

(b) 공연/전시 횟수

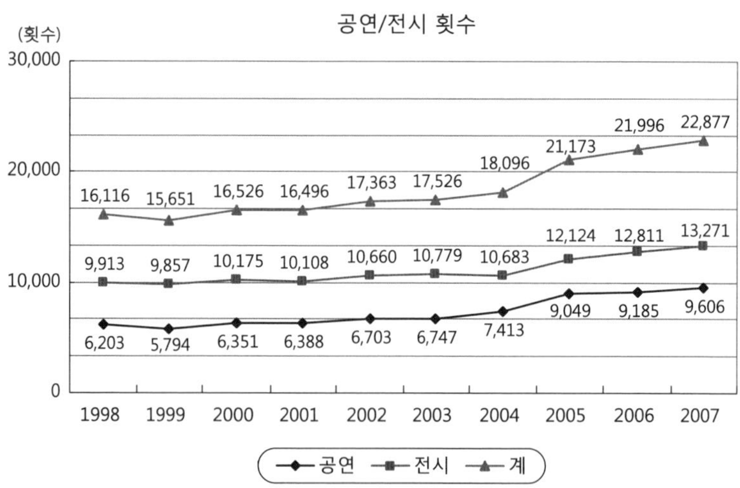

자료: 통계청: E-나라지표, 문화 부문

http://www.index.go.kr/egams/stts/jsp/potal/stts/PO_STTS_IdxMain.jsp?idx_cd=1635

92. 다양한 형태의 사적인 문화고양 활동을 정기적으로 체험하는 사람들의 비율

(a) GDP 대비 가계 문화·여가비 지출 국제비교(2005, %)

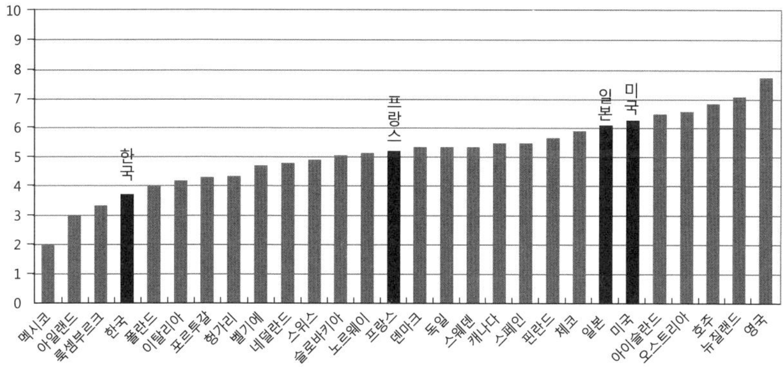

출처: OECD FACTBOOK, 2008

(b) 예술행사 참여

예술행사	예술행사 관람률			연평균 예술행사 관람횟수		
	2006년 조사	2003년 조사	2000년 조사	2006년 조사	2003년 조사	2000년 조사
문학행사	4.4%	4.0%	5.1%	0.1	0.1	0.1
미술전시회	6.8%	10.4%	11.6%	0.2	0.2	0.3
클래식음악회/오페라	3.6%	6.3%	6.7%	0.1	0.1	0.2
전통예술공연	4.4%	5.2%	7.7%	0.1	0.1	0.1
연극	8.1%	11.1%	10.9%	0.2	0.2	0.2
무용	0.7%	1.1%	2.0%	0.01	0.01	0.03
영화	58.9%	53.3%	40.0%	3.9	3.5	2.2
대중가요콘서트/연예	10.0%	10.3%	8.6%	0.2	0.2	0.2

자료: 문화관광정책개발연구원, 「문화향수실태조사」, 2006

① 문화시설 이용과 문화시설 행사참여: 선행조사 비교

지역문화시설	문화시설 이용률			문화행사 참여율		
	2006년	2003년	2000년	2006년	2003년	2000년
전체	41.9%	38.9%	47.6%	30.1%	32.2%	38.7%
시/군/구민회관	11.2%	9.6%	13.5%	7.8%	8.3%	11.3%
문화예술회관	11.3%	11.6%	14.0%	9.9%	10.6%	12.3%
복지회관	7.5%	5.5%	8.3%	5.3%	4.6%	6.7%
청소년회관	3.6%	4.4%	5.0%	2.4%	3.6%	4.1%
문화원	2.1%	2.4%	2.5%	1.7%	2.1%	2.2%
도서관	12.8%	16.0%	12.4%	5.5%	7.1%	6.1%
박물관	12.3%	11.5%	13.1%	8.8%	10.8%	9.8%
대학교부설사회문화교실	1.4%	1.8%	2.7%	1.0%	1.7%	2.3%
사설문화센터	4.6%	4.6%	11.7%	3.3%	4.4%	8.8%

자료: 문화관광정책개발연구원, 「문화향수실태조사」, 각년도

② 학교교육 이외의 문화예술교육 경험

교육분야	2006년 조사	2003년 조사	2000년 조사
문학	1.5%	1.5%	2.0%
미술	2.8%	4.5%	5.4%
서양음악	1.2%	1.9%	2.0%
전통예술	0.8%	2.2%	2.9%
무용	0.6%	1.4%	0.9%
연극	0.3%	0.7%	0.7%
영화	0.6%	0.7%	0.9%
가요/연예	1.5%	1.7%	2.2%
역사문화유산	1.0%	1.0%	2.1%

③ 문화관련 동호회 참여

참여 동호회	2006년 조사	2003년 조사
문학	0.6%	1.5%
미술	0.9%	1.5%
서양음악	0.3%	0.8%
전통예술	0.4%	0.5%
무용	0.1%	0.3%
연극	0.2%	0.4%
영화	0.6%	2.8%
가요/연예	0.5%	1.4%
역사문화유산	0.2%	0.7%

④ 문화관련 인터넷 사이트 접속률

	전체	인터넷 이용자
표본수	3,000명	2,049명
문화관련 사이트 접속률	44.5%	65.2%

93. 전국 및 지방 수준에서 (신체적, 정신적) 장애인들에게 배정된 예산의 비율

(a) 장애인정책 지출예산의 추이(1997~1906)

		1997	1998	1999	2000	2001	2002	2003	2004	2005	2006
지출액(억원)		6,555	6,829	6,502	7,675	10,281	11,870	14,164	17,797	19,367	22,612
	증감률	–	4.2	−4.8	18.0	34.0	15.5	19.3	25.6	8.8	16.8
GDP 대비 %		0.14	0.15	0.12	0.13	0.17	0.17	0.19	0.23	0.26	0.26

주: 1998-1999년에 4.8% 감소한 것은 산재기금 예산 감소가 원인. 이를 제외시 24.3% 증가함.

자료: 기획예산처 내부자료, 2006

(b) 연도별 장애인정책 지출예산 및 증감 추이

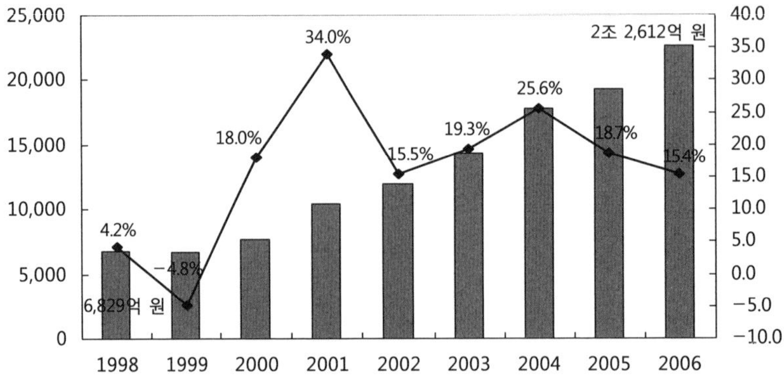

출처: 기획재정부(제80회국정과제회의 본보고서: 선진복지국가 구현을 위한 장애인지원 종합대책, 기획예산처 내부 자료)
(장애인 정책 지출 예산 추이) 1997-2006

(c) OECD 주요국의 장애인관련 지출[1)]

구분	OECD 주요국						OECD 평균[2)]	한국
	스웨덴	독일	프랑스	이탈리아	영국	미국		
GDP 대비 %	4.66	3.08	1.67	1.83	1.54	1.40	2.73	0.26

주: 1) OECD 국가는 '00년 기준, 한국은 '06년 기준
2) OECD 평균은 한국, 멕시코, 터키를 제외한 OECD 19개국의 평균임.
3) 우리나라의 지출에는 보건복지지출이 포함되나 OECD 지출에는 미포함.
자료: OECD, Transforming Disability into Ability, 2003

94. 취학 전, 취학 후 아동보육 수준

(a) 자녀 양육 실태

	자녀의 부모	자녀의 조부모	가족, 친인척	파출부, 가정부	혼자 또는 아동끼리 보냄	유치원 종일제	유치원 반일제	보육시설 종일제	보육시설 반일제	학원	방과후 교실	기타
2002	62.6		14.8	1	6.9	5.3	−	7.5	−	14.1		0.1
2005	60.5	14.2	2.8	1	9.2	4.1	9.7	6.7	7.3	33.1	4.3	0.1
1세 미만	83.1	22	4.1	1.6	0.3	0	0	1.3	0.4	0	0	0
1~2세	77.1	22.5	3.3	1.9	1	1.1	1.2	9.2	6.8	0.4	0	0
3~4세	60.2	14.3	3.1	0.8	2.8	11	27.4	16.1	19.7	7.3	0.5	0.1

5~6세	53.1	10.8	2.4	0.7	16.1	1.7	3.7	1.4	1.6	60.9	8.1	0.2

자료: 통계청, 『사회통계조사보고서』, 각년도
주: 10세 이하 자녀에 대한 자료임.
2002년도의 경우: 가족, 친인척=자녀의 조부모 포함.
유치원 및 보육시설 종일제: 반일제 포함.
기타=방과후 교실 포함.

(b) 광역자치단체별 국공립보육시설 현황

구분	보육시설 전체수(A)	국공립 시설수(B)	국공립 시설 비율 (B/A, %)	배정 시설수(C)	지방비 확보현황		추진현황		
					시도	시군구	추진중 시설수(D)	배정시설 대비 추진시설 비율 (D/C, %)	배정량·추진량 (C-D)
계	26,903	1,349	5.0%	400	310	234	114	28.5%	286
대전	897	27	3.5%	8	8	2	0	0.0%	8
광주	1,000	18	1.8%	4	0	0	0	0.0%	4
전북	1,146	34	3.0%	38	0	0	1	2.6%	37
충북	850	28	3.3%	32	0	0	2	6.3%	30
경남	1,903	80	4.2%	35	35	5	4	11.4%	31
부산	1,529	82	5.4%	32	32	32	4	12.5%	28
대구	1,182	23	1.9%	8	8	1	1	12.5%	7
울산	594	20	3.4%	8	8	0	1	12.5%	7
강원	755	61	8.1%	27	27	2	4	14.8%	23
전남	855	36	4.2%	52	52	52	11	21.2%	41
인천	1,235	46	3.7%	2	2	2	3	30.0%	7
경북	1,301	72	5.5%	34	34	34	16	47.1%	18
제주	404	11	2.7%	0	0	0	4	50.0%	4
경기	7,133	235	3.3%	58	58	58	30	51.7%	28
충남	1,074	31	2.9%	30	30	30	19	63.3%	11
서울	5,035	545	10.8%	16	16	16	14	87.5%	2

자료: 중앙보육정보센터(http://www.educare.or.kr/)보육통계, 여성부 주최 시민사회단체간담회 자료(2005.7.26)

95. 주거 및 환경 설계의 포용성(예: 만남을 위한 공간, 조명, 설계)

자료 없음

찾아보기

ㅊ

ㅌ

ㅍ

ㅎ

Abstract

Risk Society, Risk Politics

Chin-Sung Chung et al.

This report is written to describe the "Social Quality" of Korea in 2009 by using about 90 experience indicators. The Institute for Social Development and Policy Research at Seoul National University (ISDPR) has carried out an international comparative study measuring the quality of life of about 10 European and Asian countries. Social quality research, differentiated from a previous econocentric approach, begins on a sociological assumption that the relationships between individuals, and the relationships between individuals and institutions directly affect on the content of life. The initial researchers of Europe selected 95 experience indicators, and those indicators were for measuring the relationships between individuals and between individuals and institutions. This report is the first trial of applying those indicators to Korean society. By reading this report, one can achieve an objective understanding of whether Korea is secure, inclusive, cooperative and inspiring.

The modern history of Korea is always described as a process of 'transition'. Vague description using the concept of transition suggests that no one has been able to diagnose with validity the actual cause, process and result of social change in Korea. The reason for the confused recognition of the construction and directivity of Korean society lies on the unfamiliar recognition of the sociality of complicated and condensed characteristics of Korean society; finding the key is also obscured by fetters of conventional recognition. The complicated characteristics of Korea and the characteristics of condensed change are not only applied to the Korean case; they are general characteristics of the political, economic, and social changes of modern Asia. The relations among inclusion, assimilation and tension between the center and the periphery have been reconstructing continuously. The relation between the competition and cooperation embodied in Asia is a part and a result of a changed world system. Rapid economic development and changes of class structure, rapid increase of social need for political democratization and following conflict with an ancient regime, the expansion of right for daily life and desire of life (might you mean "civil rights"?), and radical changes in intimacy and solidarity are calling for a new recognition of the characteristics of the world system and its development. It is very important to understand the characteristics of Korean society constructed in the process of complicated and interdependent change, and to investigate the general characteristics of Asian development and actual conditions for social development. ISDPR has carried out basic research for developing a social quality index and comparative study of sociality and characteristics of social development in Asian societies since 2007. This research is scheduled for 9 years, and is funded by National Research Foundation.

When we translate the word of social quality into Korean, we may feel a little vagueness; however, it means various characteristics that reflect a good society. Research of social quality started in 1990 in Europe, and the motivation for the research was related to previous social changes and critical recognition of the social policy of Europe. Besides, an emphasis on the pluralism of welfare and the individualization of citizenship recognition through the decline of the welfare state and the union of state and market has begun to be criticized (Beck, et al. 2001). The globalization and economic integration of Europe was recognized as a great change that could regulate the levels and resources of social policy previously decided by the state. The need for modifying social policy in this changed environment was also recognized. In this context, theories and policies for new labor division, immigration, multiculturalism, technique (technology?), age, population, social risk and social exclusion were proposed and were differentiated from old concepts of class, city, individual, and city based on industrial society.

A new diagnosis on the changes in European society after market integration and a view emphasizing the need of policy making are also included in the interest of social quality. It can be an ambitious challenge to understand social issues including poverty, social exclusion, trust, subjectivity, and introspecting society to criticize all various changes including freedom, the influence of marketization, a minimum state, the inefficiency of bureaucracy, and the individualization of citizenship. In this context, researchers including Beck, Van der Maesen, and Walke, who tried to conceptualize social quality, define sociality as an attribute of materialization through an interdependent influence between the process of self-improvement of an individual and the construction of a collective identity, by integrating the genealogy of European theories on society and subjectivity. It means, social quality is a standard criterion that can measure the degree of engagement with social, economic life to enhance the well-being of life and the potentiality of a subject; thus it suggests social conditions widely with four levels of macro-micro, institution-community.

The researchers of Europe divided social quality into four factors: security, cohesion, inclusion and empowerment, in the interaction between individuals and collectivity. Socio-economic security refers to a situation of appropriating commodities and resources in need; social cohesion refers to the existence of collective values and norms required for community development; social inclusion refers to equity regarding the accessibility to institutional and structural opportunities; and empowerment refers to the opportunity to engage in institutional and daily life autonomously. Subordinate concepts and indicators of those factors are detailed in the level of institution, relation and section.

The view and indicators of SQ provide a useful tool for comparing the characteristics of societies on the whole; however, it has a limitation in that there is no clear boundary among the conditional factors, subordinate concepts and indicators. Also, the problem of validity occurs when we directly apply the European model to the Korean situation. Further discussions on the application of the SQ model are required, because the model has been developed based on the motivations of European society. The development of a society is not linear, nor is it a one-way process; a society's social quality should be interpreted in the context of its own social change because each society has its own path of development. In brief, the social quality model is too standardized, collective and deductive to understand each society's own path of social change. Considering these limitations, we used this model as a useful but changeable tool that can be modified or replaced, for comparing the characteristics of Korean society.

Based on the social quality indicators from the European research, we collected relevant indicators that can be applied to the Korean situation, considering the availability of measurement, the definitude of concept, and relevancy. We use the original concept and indicators of social quality without notable adjustment at this time; however, we should consider the validity, accuracy and measurement of this concept for applying it to the Korean context. We cannot assure that this work can contribute to develop the view of European social quality, or to establish an alternative system of ideology and indicators organized withinan Asian development system. Avoiding the uncritical application of inappropriate concepts, we will use our research as a threshold for establishing concepts and indicators that can be a tool for diagnosing the characteristics of development in Korean society and other Asian societies with context validity. Subordinate concepts and indicators of those conditional factors are discussed below.

Socio-economic security is a criterion for the social situation of securing materials and having access to environmental resources. It covers protection from poverty, security of residence, protection from crime, and protection from accidents including disease, disaster, and unemployment. For feasibility of measurement, socio-economic security is divided into several sections of income/consumption, residence and environment, health and caring, and labor and education. It is measured by indicators including risk and cause of poverty, sufficiency of governmental support, residence stability, crime, environmental security, accessibility to health service, security of labor condition, and expectation for occupational mobility through education.

Social cohesion is related to the possibility of latent/actual collectivity that can construct communal projects and values among individuals in a certain society. The possibility of social cohesion is measured by the degree of community directivity in each individual in a society, the degree of engagement in a social network, and whether this community directivity is aimed at the integration of the whole society. Socialcohesion indicators are measured in four main sections: trust, collective values and norms, social networks, and identity. In the trust section, the following are measured: trust of the general public, trust of a specific institution and organization actor, and an evaluation on one's daily relationships. In the collective values and norms section, the following are measured: altruistic behavior, tolerance and magnanimity toward the less fortunate, and the degree of agreement or approval on the social contract. The engagement in and help of social relations are measured in the social network section. Lastly, the identity of state, community, and relation level are measured in the identity section.

Social inclusion refers to the accessibility to social positions or resources in a society. A higher degree of socializing among various groups indicates an 'inclusive society', while a higher degree of mutual exclusion indicates 'exclusive society'. It means, social inclusion is a concept based on the normative judgment that equal accessibility to opportunity structures of engaging in society should be provided for each individual regardless of their position or beliefs. Social inclusion is measured by the following four sections: citizenship, the labor market, social service, and social network. Citizenship includes issues of immigrant citizenship as well as traditional issues of citizenship as a ratio of citizenship among all residents or the turnout of a local election. The concept of social citizenship is also included in the citizenship section, as follows: the right of public pension, the average wage by female-to-male ratio reflecting the difference of the right to work between males and females, the right to freedom of law services, the experience of discrimination, women politicians, and an engagement with major economic issues. Labor market inclusion is measured by the number of people who are exposed to the weak link in the labor market, as long-term unemployees or involuntary part-timers. Service inclusion includes accessibility to basic health services and residence stability of the weak; education and social service inclusion includes the participation rate of higher education and availability of services to those in need; and the social network inclusion includes indicators of intimacy and the help of neighbors, friends and family.

Social empowerment is defined as an institutional condition and social relation that can increase the dignity and autonomy of each individual. The social condition to increase dignity and autonomy is measured in separated sections of knowledge, labor market, institution, public sphere, and private relationships. The degree of knowledge and the possibility of self-improvement as a result of that knowledge are measured in the knowledge section; the degree of controlling position in the labor market is measured in the labor market section; and the degree of discretion in the institutional and public sphere and the degree of support from institutions and private relationships are measured in the institution, public sphere and private relationships section.

After considering the availability and context of the subordinate levels of each conditional factor and system of related indicators, we have collected and analyzed comparable data. The following four chapters investigate the characteristics of Korean society based on the established indicators in each level. The Table of Social quality indicator can be found in the appendices.

저자약력

정진성

서울대학교 사회학과 학사 및 석사. 미국 시카고대학교 사회학 박사. 현 서울대학교 사회학과 교수. 서울대학교 사회발전연구소장 역임. 주요 저서 및 논문으로는 『위험사회, 위험정치』(공저 2010), 『한국사회의 트렌드를 읽는다』(공저 2009), 『북한여성과 정치 사회 복지의 변화』(공저 2008), 『한국현대여성사』(편저 2004), 『일본군성노예제』(2004), 「한국사회 부성의 구조」(2009), 「미하원 일본군위안부 관련 결의안 논의과정에서 제기된 협의의 강제성과 그 역사적 진실」(2007), 「북한 여성인권에 관한 국제사회의 논의와 북한의 대응」(2006) 등 다수.

박경숙

서울대학교 사회학과 학사 및 석사, 미국 브라운대학교 사회학 박사. 현 서울대학교 사회학과 부교수. 주요 저서 및 논문으로는 『고령화 사회 이미 진행된 미래』(2003), 『빈곤의 순환고리들』(편저, 2005), 『삶의 기회: 부산, 울산, 경남 지역 저소득층의 생활과 의식』(편저, 2006), 「도덕, 정치, 경제의 연관에서 본 효도법 담론의 의미」(2007), 「노년의 제도화와 복지: 기능 갈등, 시선들」(2007), 「빈곤층의 생활과 의식: 생활세계 내 불평등의 지배와 저항」(2008) 등 다수.

이재열

서울대학교 사회학과 학사 및 석사. 미국 하버드대학교 사회학 박사. 현 서울대학교 사회학과 교수. 서울대학교 사회발전연구소장 역임. 주요 저서 및 논문으로는 , 위험정치』(공저 2010), 『한국사회의 트렌드를 읽는다』(공저 2009), 『네트워크 사회의 구조와 쟁점』(공저 2009), 『기로에 선 중산층』(공저 2007), 『한국사회의 변동과 연결망』(공편 2006), 「한국인의 사회적 자본」(공저 2008), 「이중적 위험사회형 재난의 구조」(공저 2004) 등 다수.

장덕진

연세대학교 사회학과 학사 및 석사. 미국 시카고대학교 사회학 박사. 현 서울대학교 사회학과 교수. 주요 저서 및 논문으로는 『위험사회, 위험정치』(공저 2010), 『대한민국 파워엘리트』(공저 2006), 『경제위기의 사회학: 개발국가의 전환과 기업집단 연결망』(공저 2005), 「사이버 공간의 공동체와 연결망」(공저 2006), 「1990년대 후반의 세계체제와 경제성장」(2005), 「웹사이트 이용자의 클릭패턴 결정요인에 대한 연구」(2005) 등 다수.

장상철

연세대학교 사회학과 학사, 석사 및 박사. 현 서울대학교 사회발전연구소 선임연구원. 한양대 사회학과 강사. 주요 논문으로는 「1970년대 "민중"개념의 재등장」(2007), 「사회 변동과 사회운동의 변화: 노동운동의 쇠퇴와 시민운동의 성장」(2004), 「민주화와 이익집단: 국가, 비영리조직, 사회적 자본」(2002), 「사회운동과 민주주의의 성장: NGO의 위상」(2002) 등이 있으며, 역서로 『사회학이론』(공역, 2006)이 있다.

고형면

고려대학교 사회학과 학사, 석사 및 박사. 현 서울디지털대학교 사회복지학부 교수. 서울대학교 사회발전연구소 선임연구원 역임. 주요 논문으로는 「사회적 응집을 통해서 본 한국사회의 질」(2009), 「기업에 대한 진화적 접근 방법의 의의와 전망」(2008), 「신용카드에 의한 현대적 소비의 사회적 기반」(2008), 「한국의 신용카드산업과 금융 정보통신기술」(2006) 등 다수.

안정옥

서울대학교 사회학과 학사, 석사 및 박사. 현 부산대학교 사회학과 교수. 서울대학교 사회발전연구소 선임연구원 역임. 주요 저서 및 논문으로는 『네트워크 사회의 구조와 쟁점』(공편, 2007), 「사회적 역능성 지표와 사회의 질: 복지체제의 탈상품화 모델에 대한 함의」(2009), 「속도 경제의 부상과 근대적 주체성」(2008), 「시간준거, 문화생태와 가족체제: 삶의 양식, 제도형태와 주체화의 관계에 대한 연구」(2006) 등 다수.

장진호

서울대학교 사회학과 학사 및 석사, 미국 일리노이주립대학교 사회학 박사. 현 광주과학기술원(GIST) 기초교육학부 교수, 서울대학교 사회발전연구소 선임연구원 역임. 주요 논문으로는 “Towards a Preliminary Analysis of the Political Economy in East Asia”(2004), “Neoliberalism in Post-Crisis South Korea: Social Conditions and Outcomes”(2006), 「금융 헤게모니로서의 신자유주의 분석: 동학, 행위자」(2008) 등 다수.

이원재

연세대학교교 사회학과 학사 및 석사, 미국 시카고 대학교 사회학 박사. 현 서울대학교 사회발전연구소 선임연구원. 연세대, 경희대, 성균관대, 이화여대 강사. 시카고 대학교 경영대학원 연구원 역임. 주요 논문으로는 “Structural Closure and Performance in Networks of Competition: ATP, 1997-2006”(2009), “When do Matthew Effects Occur?”(2010) “Status Volatility and Organizational Growth in the U.S. Venture Capital Industry”(2006) 등 다수.

김선민

서울대학교 사회학과 학사 및 석사, 현 미국 UC 버클리 대학 사회학과 박사 과정 재학중

김란우

서울대학교 사회학과 학사 및 석사, 현 서울대학교 사회발전연구소 연구원

임재성

고려대학교 법학과 학사, 서울대학교 사회학과 석사. 현 서울대학교 사회학과 박사 과정 재학중

김정환

서울대학교 사회학과 학사, 현 서울대학교 사회학과 석사 재학중

송수연

이화여자대학교 사회생활학과 학사, 서울대학교 사회학과 석사, 현 서울대학교 사회발전연구소 연구원

박기웅

서울대학교 사회학과 학사, 현 서울대학교 사회학과 석사 재학중

서울대학교 사회발전연구총서

한국인의 생명표
권태환 · 김태헌

도시빈민의 삶과 공간
조은 · 조옥라

원자력과 지역이해
김경동 · 홍두승

집합주거와 사회환경
홍두승 · 이동원 편

한국농민의 불안과 희망
김일철 · 김태헌 · 김홍주

1980년대 한국의 민주화이행과정
윤상철

한국인의 삶과 질
임현진 · 이세용 · 장경섭

지구시대 세계의 변화와 한국의 발전
임현진

지역사회와 인간생활
김일철

외국인노동자와 한국사회
설동훈

한국의 사회구조와 지역사회
김일철 편

월남민의 생활 경험과 정체성
김귀옥

한국의 직업구조
홍두승 외

노동력의 국제이동
설동훈

지식정보사회의 이론과 실제(증보판)
서이종

한국의 사회이동
장상수

신사회운동의 사회학
권태환 · 임현진 · 송호근 공편

아시아 · 태평양지역의 환경문제, 환경운동 및 환경정책
양종회 · 임현진 · 정수복 · 박길성 · 구도완 · 홍성태

한국사회의 위험과 안전
임현진 외

한국사회의 연결망 연구
송호근 · 김우식 · 이재열 편저

사회과학의 고급계량분석
이재열 외

21세기 통일한국을 향한 모색
임현진 · 정영철

중국 조선족사회의 변화
권태환 편

중도파의 민족주의 운동과 분단국가
윤민재

한국사회의 변동과 연결망
송호근 · 김우식 · 이재열 편저

네트워크 사회의 구조와 쟁점
이재열 · 안정옥 · 송호근 편저

한국사회의 트렌드를 읽는다
정진성 · 이재열 · 박경숙 · 정재기
남은영 · 장진호

위험사회 · 위험정치
정진성 · 박경숙 · 이재열 · 장덕진
장상철 · 고형면 · 장진호 · 이원재 · 안정옥